L'ÉVANGILE

DU PEUPLE.

Imprimerie Pommeret et Guénot, rue Mignon, 2.

L'ÉVANGILE

DU

PEUPLE

(Par Alph. Esquiros)

Seigneur Dieu, je vous rends grâce d'avoir caché ces
choses aux sages et aux prudents et de les
avoir communiquées aux petits.

JÉSUS-CHRIST.

PARIS

LE GALLOIS, ÉDITEUR,

RUE NOTRE-DAME-DES-VICTOIRES, 36.

1840

Mes petits enfants, comme j'ai à vous annoncer dans ce livre des choses qui adviendront un jour, je crois devoir vous exhorter, avec Jésus-Christ, à la patience.

Vous savez qu'il a été dit *œil pour œil et dent pour dent.*

Et moi je vous dis que vous ne résistiez pas avant l'heure quand on vous fera du mal ; mais, aux gouvernements qui vous souffléteront sur la joue droite, présentez encore l'autre joue.

Si un créancier avare veut vous faire un procès pour avoir votre robe, abandonnez-lui aussi votre manteau ;

Et si un garde veut vous obliger à faire mille pas avec lui, faites-en encore deux autres mille.

La patience accroît la force ; c'est par la patience que vous posséderez vos âmes.

Pardonnez à ceux qui vous font du mal et remettez la vengeance à Dieu :

Il saura s'en servir au jour du grand jugement,

Quand le moment sera venu de promener la faux dans la moisson et de séparer le grain de l'ivraie,

Quand il saisira par la main du peuple les méchants aux cheveux et les livrera à l'épée de la justice.

Attendez donc et contenez-vous, car c'est par votre patience que vous amasserez dans le cœur de Dieu des trésors de colère.

L'orage se forme de moment en moment.

La nuit est venue ; nous traversons une mer tempétueuse, sous un ciel sans étoiles :

Prenez garde d'engloutir le vaisseau de l'État en voulant malencontreusement le pousser au port.

Ayez courage, vous qui souffrez, et modérez-vous, car la ruine de vos oppresseurs sera en raison de votre longanimité.

Ne vous agitez point au hasard et dans le vide, de crainte de compromettre encore vos intérêts en ébranlant tout à coup ceux des autres.

Que l'ouvrier n'abandonne pas l'atelier, car la ruine des fabricants amènerait celle des travailleurs ;

Que le pauvre ne convoite et n'endommage point le bien des riches, car en dispersant la propriété il aggraverait encore sa misère ;

Que les diverses classes de la société ne se divisent point entre elles, car c'est par la bonne intelligence et l'amour qu'elles arriveront toutes à leur délivrance ;

Que les peuples rendent encore quelque temps « à César ce qui revient à César » ; car César est le chemin qui mène à l'unité, c'est-à-dire à Dieu.

Mes petits enfants, faites maintenant toutes ces choses, et vous arriverez un jour à être libres.

Peuple, à toi ce livre!

A toi qui as le front courbé sur ton travail, à toi qui souffres de la faim, du dénuement ou de l'oppression, l'Évangile de l'Homme-Dieu qui naquit dans une étable et mourut sur une croix!

Depuis longtemps des hommes accoutumés à te tenir sous le joug interprétaient à leur usage et selon leurs intérêts le livre du Libérateur :

Nous t'en apportons aujourd'hui l'esprit et la lettre dans toute leur énergique simplicité.

Prends et lis!

En ce temps-là un petit enfant naquit à Bethléem, ville de Judée.

C'était un enfant du peuple.

Son père exerçait, pour vivre, l'état de charpentier ; sa mère, quoique descendant du roi David, était pauvre, sans doute pour nous enseigner que nous méprisons souvent sous les haillons de la misère les rejetons de nobles et anciennes familles.

Le père de l'enfant se nommait Joseph, et la mère se nommait Marie.

Comme ils n'avaient pu trouver de place

pour eux à l'auberge, ils s'étaient réfugiés en une étable.—Dans la société d'alors, comme dans la nôtre, il n'y avait pas de place pour le pauvre.

C'est là que la mère, qui était grosse et qui était venue dans la ville de Bethléem pour se faire enregistrer selon un édit de César-Auguste, accoucha.

On enveloppa l'enfant de langes grossiers et on le posa dans une crèche.

Marie, femme de la petit ville de Nazareth, n'avait pas eu commerce avec Joseph, son mari. La Providence a voulu laisser quelque nuage sur la venue de cet enfant, non pas pour donner prétexte à la grossière joie des incrédules, mais parce que cet enfant devant fouler aux pieds tous les préjugés humains, il convenait qu'il commençât par vaincre ceux de la naissance [1].

Un messie avait été promis.

L'humanité, en souffrance, était alors dans une grande attente; le pauvre attendait une délivrance de ses maux, l'esclave attendait un sauveur.

[1] Les bâtards, les fils adultérins, tous les enfants douteux se trouvent de fait réhabilités par le Christ.

Aussi ce petit enfant fut-il nommé Jésus, qui voulait dire, dans la langue des Juifs, *sauveur des hommes*.

Sa mère, pendant sa grossesse, avait eu le pressentiment de cette mission; elle avait deviné qu'elle portait dans ses flancs l'auteur de la délivrance du monde, et elle s'était écriée, dans un accès de joie prophétique :

« Le Tout-Puissant a fait en moi de grandes choses, et son nom est saint!

« Il a déployé la force de son bras, il a dissipé ceux qui s'élevaient d'orgueil dans les pensées de leur cœur!

« Il a renversé les grands de leur trône, et il a élevé les petits!

« Il a rempli de biens les pauvres qui en manquaient, et il a renvoyé les mains vides ceux qui étaient riches! »

Tel était en effet le dessein de la Providence en envoyant Jésus-Christ sur la terre : déposséder les *grands* au profit des *petits*, et les *riches* au profit des *pauvres*.

Nous allons voir que tout l'Évangile n'est que l'application et le développement de ce dessein.

La Providence avait préparé depuis longtemps l'avénement de Jésus-Christ sur la terre.

Le Messie fut promis et porté en quelque
sorte d'avance dans les flancs de la nation
juive; ce fut une grossesse et un travail; le
monde esclave souffrait à l'enfantement de
son salut et de sa délivrance, l'humanité était
en mal de Dieu.

Il parut successivement dans le peuple juif
des patriarches et des prophètes qui étaient en
quelque sorte des essais du Christ.

Mais le véritable promis des nations ne venait pas.

Alors un homme qui avait des habits de
poil de chameau et une ceinture de cuir sur
les reins, qui vivait de sauterelles et de miel
sauvage, se montra sur les bords du Jourdain.

Alors une voix cria dans le désert.

C'était celle de Jean le précurseur.

Un précurseur est un homme dont la Providence se sert pour préparer les voies à un plus grand que lui qui doit venir.

Jean avait l'inquiétude farouche de tous ces avant-coureurs.

Il n'était pas encore le sauveur, mais il était celui qui marche devant sa face; il n'était pas la lumière, mais il venait pour l'annoncer et pour lui rendre témoignage; il n'était pas le jour, il était l'aube.

Jean prêchait et baptisait.

Sa doctrine était, par anticipation, celle du Sauveur lui-même; il parlait dans le même sens que lui, puisqu'il devait lui servir d'envoyé; Jean était l'exorde dont Jésus allait être le discours.

Or voici ce que Jean disait :

« Toute *vallée* sera *remplie*, toute *montagne*
« et toute *colline* sera *abaissée*, les chemins *iné-*
« *gaux* seront rendus *unis*, et l'on aplanira ceux
« qui sont rudes,

« Et toute chair verra le *Sauveur* qui est
« donné de Dieu. »

Puis, se tournant vers les pharisiens, qui étaient les grands et les puissants du peuple et qui venaient à lui, il ajoutait :

« Race de vipères, qui vous a donc avertis
« de fuir la colère qui va tomber sur vous?

« Déjà la coignée est à la racine de l'ar-
« bre. »

Or les grands et les riches, effrayés, par ces
menaces, par cette colère prochaine qui devait les atteindre, par cette *hache* qui devait
les couper comme du bois mort, s'écriaient et
l'interrogeaient en disant : « Que faut-il donc
« que nous fassions? »

Et Jean leur répondait :

« Que celui qui a deux habits en donne un
« à celui qui n'en a pas, et que celui qui a de
« quoi manger en use de même. »

Jean les exhortait de la sorte à aller, par le
partage, au-devant de cette révolution qui devait bouleverser toutes les fortunes.

C'était le moyen qu'il leur donnait pour
fuir la colère à venir du peuple, *à venturà irà.*

Or, à ces discours courageux, le pauvre peuple, qui attendait une délivrance et un changement, disait à Jean : « N'êtes-vous pas le
« Christ? »

Et il répondait : « Non. »

Il était, comme nous l'avons dit, la voix qui
crie dans le désert et qui exhorte les esprits à
la pénitence, c'est-à-dire à la réforme du

passé, pour les préparer à recevoir la doctrine
de l'avenir.

Voilà dans quel sens, empruntant ses ima-
ges aux lieux sauvages où il élevait la voix, au
milieu des montagnes et des précipices, Jean
annonçait que les grands, ces montagnes du
peuple, seraient abaissés, et que les petits,
ces humbles vallées, seraient comblés, et que
toute la terre enfin s'aplanirait.

Le petit enfant qu'on nomme Jésus étant
né à Bethléem comme nous l'avons raconté,
l'ange du Seigneur, c'est-à-dire l'inspiration
d'en haut, alla trouver, non les pharisiens,
qui étaient les grands de la Judée, non les
prêtres, qui étaient les princes du peuple, non
Hérode, qui était roi, mais de pauvres bergers
qui veillaient de nuit sur leurs troupeaux,

Et il leur dit :

« Ne craignez point, car je vous annonce une
« nouvelle qui remplira de joie tout le peuple.

« C'est qu'aujourd'hui, dans la ville de David,
« il vous est né un sauveur qui est le Christ.

« La marque qui vous le fera connaître est
« que vous trouverez un enfant enveloppé de
« langes et couché dans une crèche. »

Après avoir annoncé aux bergers une grande
joie *pour le peuple*, l'ange leur en indique
le motif, qui est la naissance d'un petit enfant, en Israël, mais d'un petit enfant *cou-*
ché dans une crèche; et c'est là le signe qui
fera reconnaître leur sauveur à ces pauvres
gens !

Le Libérateur de l'humanité souffrante devait en subir tous les maux et toutes les injures.

La Providence semble en effet prendre
plaisir à charger la venue de ce petit enfant
de toutes les misères et de tous les rebuts de
la société; elle le fait naître Juif, et par conséquent en dehors du droit de citoyen [1]; elle

---

[1] La société se partageait alors en deux grandes classes,
ceux qui étaient citoyens romains et ceux qui ne l'étaient
pas : aux premiers revenaient de droit toutes les préroga-

le tire de parents obscurs, et, pour plus d'abaissement, elle le jette, à son entrée au monde, dans une étable.

Il devait en être ainsi : ce n'est jamais du sein de la grandeur et de l'opulence que peut sortir une protestation sérieuse contre leurs abus.

Le Christ devait subir tous les affronts et passer lui-même par tous les esclavages, toutes les humiliations du pauvre, pour les glorifier dans sa personne et en affranchir un jour l'humanité.

Le fait seul de la misère est une accusation de la richesse, et c'est cette accusation que Jésus-Christ est venu signer de son sang et de ses larmes.

La crèche du petit enfant né à Bethléem protestait contre le berceau des enfants des grands, et voilà dans quel sens l'ange donne aux hommes du peuple la crèche comme un signe que cet enfant est vraiment leur sauveur, *et hoc vobis signum*.

« C'est la crèche, c'est la misère, c'est la
« pauvreté de ce Dieu enfant, dit Bossuet lui-

tives, aux seconds toutes les injustices et toutes les vexations. Jésus-Christ n'était pas citoyen romain.

« même, qui nous montre qu'il n'est rien de
« plus méprisable que ce que les hommes ad-
« mirent si fort. »

Or voici que les mages vinrent en ce temps-
là, de très-loin, à Jérusalem, « qui demandèrent
« où est le roi des Juifs qui est né, car nous
« avons vu son étoile dans l'Orient et nous
« sommes venus l'adorer ¹. »

¹ Les mages étaient des savants très-versés aux sciences
divinatoires qui prétendaient connaître, par la position des
astres, la naissance des enfants et leurs destinées.

L'astrologie et toutes ces sciences humaines étaient proscrites chez les Juifs, qui n'ajoutaient foi qu'à la révélation
de Moïse.

L'étoile qui guida les mages aux pieds de l'Enfant-Jésus
est une image de la pensée humaine et de la pensée divine,
qui devaient se réconcilier dans le monde et réunir les Juifs
aux Gentils.

Ce titre de *roi* donné par les mages à cet enfant inconnu éveilla les soupçons d'Hérode.

Son instinct de tyran lui fit deviner pour l'avenir un rival ou un ennemi dans ce nouveau-né.

Il envoya donc tuer tous les enfants de deux ans et au-dessous.

« Alors on entendit un grand cri dans Rama,
« des plaintes et des gémissements, Rachel qui
« pleurait ses enfants sans vouloir être conso-
« lée, parce que ses enfants n'étaient plus. »

Cependant l'enfant échappa au massacre, ses parents l'ayant emmené en Égypte, où ils demeurèrent jusqu'à la mort d'Hérode.

Ce titre de *roi des Juifs* donné par les mages à l'enfant nouveau-né signifiait seulement que le Christ devait se faire un jour le chef du peuple par la persuasion et l'entraînement de sa doctrine.

Or il convenait que cet enfant prédestiné à combattre l'autorité des maîtres de la terre rencontrât, à son entrée dans le monde, la persécution des rois.

Si Hérode, de son côté, s'abandonna pour détruire cet ennemi naissant à l'un des abus les plus révoltants et les plus atroces du souverain pouvoir, c'est que, d'après les traditions

même des Juifs, le Messie devait être un libérateur du peuple qui anéantirait dans le
monde la tyrannie.

-o-🙷🙶-o-

Le jour où le père et la mère de l'enfant
devaient l'apporter dans le temple, selon la loi
des Juifs, pour le consacrer à Dieu étant venu,
ils offrirent deux tourterelles ou deux petites
colombes.

C'était le sacrifice des pauvres, car les riches
offraient un agneau.

Or il y avait à Jérusalem un homme juste
et craignant Dieu, nommé Siméon, « qui vivait
« dans l'attente de la consolation d'Israël. »

Il vint au temple ce jour-là, et, ayant pris
l'enfant entre ses bras, il bénit Dieu en disant :

« C'est maintenant, Seigneur, que vous

« laisserez mourir en paix votre serviteur, se-
« lon votre parole,

« Puisque mes yeux ont vu le *Sauveur* que
« vous nous donnez

« Et que vous *destinez* pour être *exposé* à la
« vue de tous les *peuples.* »

Le père et la mère de Jésus étaient dans l'admiration des merveilles que l'on racontait
de lui. Siméon les bénit, et dit à Marie, sa
mère :

« Cet enfant est né pour la *ruine* et pour *l'é-*
« *lévation* de plusieurs en Israël et pour être en
« butte à la contradiction des hommes.

« Votre âme même sera percée par une épée,
« afin que les pensées dans le cœur de plusieurs
« soient découvertes. »

Un grand enseignement sort de tous ces dé-
tails.

Qu'est-ce que ce Siméon? un pauvre sans
doute, un homme du peuple, car il n'y a que
ceux qui souffrent qui *attendent* avec angoisse
et avec larmes une délivrance.

Or Siméon était de ces Juifs proscrits et
malheureux qui vivaient dans la grande inquiétude d'un sauveur

L'ayant reconnu dans ce petit enfant, il explique en quelques mots sa mission, qui est *d'abattre* les uns et *de relever* les autres.

Mais ces renversements ne peuvent pas s'accomplir sans résistance : Siméon prévoit que cet enfant subira un jour les contradictions des hommes.

Ceux qui commencent de tels ébranlements en sont presque toujours victimes.

Abaissant alors les yeux vers sa mère, pauvre femme qui doit avoir sa part de douleurs dans la grande affliction de son fils, il songe mélancoliquement au glaive qui lui percera l'âme.

Mais cette douleur et cette affliction sont nécessaires; elles serviront à faire sortir du cœur de plusieurs des pensées qui y étaient jusque-là couvertes dans l'ombre.

Les révolutions sont préparées long-temps à l'avance dans le cœur des peuples, mais il faut un événement pour les attirer au dehors; la mort d'un martyr, la grande douleur du glaive, les souffrances de l'âme sont d'ordinaire les causes qui les excitent à se montrer, *ut revelentur ex multis cordibus cogitationes.*

Les premières années de Jésus n'eurent probablement rien de particulier, puisque l'Évangile ne nous en parle pas.

Nous savons seulement qu'il vécut avec Marie et Joseph dans la pauvreté et dans le travail des mains.

Il exerçait à Nazareth l'état de son père, qui était charpentier.

Il demeura ensuite en Galilée.

Cette première moitié obscure de sa vie s'écoula sans qu'on entendit parler de lui dans le pays.

Cependant l'heure de se montrer était venue.

Il se prépara à sa mission par la retraite et la solitude.

Ayant été poussé par l'esprit dans le désert, il vivait avec les bêtes, au milieu d'une nature sauvage,

Il n'avait autour de lui que des pierres et des rochers.

Alors, ayant jeûné quarante jours, l'idée lui vint de changer ces pierres en pain.

Mais il combattit cette tentation en disant :

« Ce n'est pas seulement de pain que vit « l'homme. »

En repoussant cette première amorce du démon Jésus-Christ décline une des grandes causes de la servitude, qui est le besoin de la nourriture : « Si tu ne te soumets, dit le « maître à l'ouvrier, tu ne mangeras pas! »

A ce pain matériel Jésus oppose le pain de l'intelligence et de la parole, qui est la vraie nourriture de l'homme libre, *in omi verbo quod procedit ex ore Dei.*

Peuple! un pouvoir tentateur qui profite de la faim pour embastiller Paris te dit de même en te montrant des pierres et en t'offrant des travaux : change ces pierres en pain !

Peuple, réponds-lui comme le Christ : le peuple ne vit pas seulement de pain, mais de liberté !

Ensuite d'autres pensées, qui sont aussi des pensées de Satan, l'agitèrent.

Du sommet des hautes montagnes d'où s'étendaient à ses pieds les royaumes de la terre avec toute leur gloire Jésus fut tenté d'ambition ; il hésita un instant sur le rôle qu'il allait tenir.

La convoitise de ces empires terrestres balança dans son cœur la résolution qu'il avait d'affranchir l'humanité.

« Je vous donnerai toute cette puissance, lui
« dit le démon, et la gloire de ces royaumes,
« car elle m'a été donnée et je la donne à qui
« il me plaît '.

« Si donc vous voulez m'adorer toutes ces
« choses seront à vous. »

Jésus lui répondit :

« Il est écrit : C'est le Seigneur votre Dieu
« que vous adorerez, et c'est lui seul que vous
« servirez. »

Fières et sublimes paroles qui détruisent pour l'homme sur la terre toute autre domination que celle de Dieu.

Enfin le démon, se trouvant repoussé par Jésus sur tous les points, essaya de le prendre par l'orgueil et la confiance en soi-même.

Il le transporta en esprit sur le pinacle du

' Ces paroles que l'Évangile met à dessein dans la bouche du démon sont vraiment flatteuses pour les rois et les puissants !

temple, et il lui dit : « Si vous êtes le fils de
« Dieu, jetez-vous d'ici en bas. »

Si tu es fils de Dieu, dit au peuple un pouvoir provocateur, jette-toi donc de nouveau
dans l'émeute.

Jésus lui répondit : « Il est écrit : Vous ne
« tenterez point le Seigneur votre Dieu. »

Le diable ayant achevé toutes ces tenta-
tions se retira de lui pour un temps.

Jésus avait environ trente ans lorsqu'il commença à paraître.

En sortant du désert, il était retourné en
Galilée, et sa réputation commençait à se répandre par tout le pays.

Il enseignait dans les synagogues, et tout le
monde lui donnait de grandes louanges.

Il alla aussi à Nazareth, où il avait été nourri,
et, selon sa coutume, il entra au jour du sabbat

dans une synagogue [1], où il se leva pour faire la lecture.

On présenta à Jésus le livre du prophète Isaïe ; l'ayant ouvert, il tomba sur l'endroit où ces paroles étaient écrites :

« L'Esprit du Seigneur s'est reposé sur moi ;
« il m'a sacré par son onction, il m'a envoyé
« pour prêcher l'Évangile aux *pauvres*, pour
« guérir ceux qui ont le *cœur brisé*,

« Pour annoncer aux *captifs* leur *délivrance* [2]
« et pour rendre la vue aux aveugles, pour
« *éma c!per ceux qui sont dans l'oppression*, pour
« publier l'année favorable du Seigneur et le
« jour où il se *vengera*. »

Ayant fermé le livre, il le rendit au minis-tre et il s'assit.

Toute l'assemblée avait les yeux arrêtés sur lui.

Et il commença à leur dire :

« C'est aujourd'hui que cette écriture que
« vous venez d'entendre est accomplie. »

[1] Les synagogues des Juifs n'avaient rien de commun avec le temple : c'étaient des salles de conférence où l'on se réunissait pour entendre lire et commenter la Bible.

[2] Quand le christianisme sera tout à fait entré dans la société il en chassera les bagnes et les prisons.

Jésus demeurait alors à Capharnaüm, ville maritime.

Le temps était venu de choisir quelques hommes pour l'aider dans son ministère.

Les prit-il parmi les riches, les savants et les grands du pays ?

Un jour, marchant le long de la mer de Galilée, il vit deux frères, Simon, surnommé *Pierre*, et André, qui jetaient leurs filets dans la mer, car ils étaient pêcheurs, et il leur dit :

« Suivez-moi et je vous ferai pêcheurs
« d'hommes. »

Aussitôt il laissèrent leurs filets et suivirent Jésus.

De là, s'avançant, il vit deux autres frères, Jacques, fils de Zébédée, et Jean, son frère, dans une barque avec Zébédée, leur père, qui raccommodaient leurs filets, et il les appela.

A l'heure même ils laissèrent leurs filets et leur père et ils suivirent Jésus.

Voilà donc les premiers apôtres! quatre pauvres pêcheurs tachés de goudron et mouillés d'eau de mer !

Ce sont ces hommes du peuple, ces mariniers qui devaient prendre le monde dans le filet de la sainte parole.

Jésus étant rentré ensuite dans la ville vit un homme nommé Mathieu assis au bureau des impôts, auquel il dit : « Suivez-moi. »

Aussitôt il se leva et le suivit.

Jésus en ramassa de la sorte douze dont voici les noms : Pierre, André, Philippe, Mathieu, Thomas, Jacques (fils d'Alphée), Thadée, Simon - le - Cananéen, Jacques et Jean, deux frères qu'il surnomma *Boanerges*, c'est-à-dire *enfants du tonnerre,*

Et Judas Iscariote, qui fut celui qui le trahit.

C'étaient tous des hommes de basse condition.

Un scribe, c'est-à-dire un puissant et un lettré du pays, s'étant offert à suivre Jésus, celui-ci le refusa.

« Les renards ont des tanières, lui dit-il
« pour le détourner, et les oiseaux du ciel ont
« des nids, mais le Fils de l'homme n'a pas où
« reposer sa tête. »

Et cet homme s'en alla.

L'œuvre de l'Évangile, qui est une œuvre d'affranchissement, ne pouvait être exécutée que par des instruments tirés du peuple.

Ce n'est pas avec ceux qui sont déjà libres qu'on détruit l'esclavage, ni avec ceux qui possèdent qu'on attaque les abus de la propriété.

Un certain homme riche s'étant présenté à Jésus : « Si vous voulez être parfait, lui dit « celui-ci, allez, vendez tout ce que vous avez « et le donnez aux pauvres,

« Et après cela venez et suivez-moi. »

Mais ayant entendu cette parole il se retira tout triste, car il avait de grands biens.

Et Jésus le laissa aller.

Ce libérateur savait qu'on ne combat pas une vieille société avec des hommes qui ont trempé dans ses richesses et ses jouissances, ni qu'on ne refait pas une société nouvelle avec les débris d'une ancienne aristocratie.

« Jésus allait par toute la Galilée, enseignant
« dans les synagogues et prêchant l'Évangile
« du royaume. »

Il faut s'entendre sur ce royaume dont Jésus parle sans cesse et dont il venait annoncer
la bonne nouvelle aux nations.

« Le royaume de Dieu, dit-il quelque part,
« est au dedans de vous ; » et, suivant un autre
texte, « entre vous. »

C'est donc sur la terre et parmi les hommes
que doit s'établir ce royaume, ou, autrement
dit, cette société.

Dans la prière que Jésus recommande à ses
disciples il explique sa pensée en ces termes :

« Notre Père qui es aux cieux, que *ton règne*
« arrive, que ta volonté soit faite sur la terre
« comme dans le ciel. »

Il veut donc que le chrétien hâte de sa
prière et de ses vœux l'avénement de ce règne

qui refera la terre à l'image du ciel, et, à ce propos, il nous indique la voie par laquelle ce royaume entrera dans le monde :

« Remettez-nous nos fautes comme nous « les remettons nous-mêmes à ceux qui nous « ont offensés ! »

C'est par le pardon et la bienveillance que le royaume de Dieu arrivera, c'est lorsque la société remettra à chacun ses fautes, déliera tout ce qui était lié, et recevra dans son sein tous les pécheurs.

Dans une autre circonstance Jésus-Christ éclaire encore plus nettement sa pensée. Un scribe lui ayant parlé en ces termes :

« Il n'y a qu'un seul Dieu et il n'y en a « point d'autre ; l'aimer de tout son cœur, « de toutes ses forces et de toute son âme, et « aimer son prochain comme soi-même, c'est « quelque chose de plus grand que tous les « holocaustes. »

Jésus lui répondit :

« Vous n'êtes pas loin du royaume de Dieu. »

C'est-à-dire, vous n'êtes pas loin des principes qui doivent établir le règne du bien sur la terre, puisque vous reconnaissez l'unité divine et l'amour universel, qui sont les deux grandes lois de la société.

Que ce royaume de Dieu soit bien véritablement un royaume terrestre qui doive commencer dans le temps pour se continuer ensuite dans l'éternité, c'est ce qui résulte
jusqu'à l'évidence des paroles mêmes de Jésus-
Christ :

« Je vous dis, en vérité, que personne ne
« laisse sa maison, ou ses frères, ou ses sœurs,
« ou son père, ou sa mère, ou ses enfants,
« ou ses terres, pour l'amour de moi et de
« l'Évangile,

« Qui maintenant et dès ce temps-ci [1] n'en
« reçoive cent fois autant, et qui n'ait des
« maisons, des frères, des sœurs, des mères,
« des enfants et des terres avec des persécu-
« tions, et dans le siècle à venir la vie éter-
« nelle. »

Ceci contient deux genres de promesses
bien distinctes pour ceux qui se dévouent aux
persécutions dans un sentiment d'humanité.

Jésus-Christ les exhorte à quitter leur famille, leurs biens, leur maison, parce que,
au bout de la lutte, ils trouveront dès cette
vie, dans la société nouvelle, où tout sera or-

[1] *Nunc et in tempore hoc.*

ganisé selon la justice, une ample compensation aux maux qu'ils auront soufferts.

Ils y trouveront d'autres frères, d'autres biens et d'autres maisons à la place de ceux qu'ils auront quittés; car la grande famille humaine étant constituée selon l'ordre équitable, tous les hommes seront frères, tous posséderont des biens et habiteront des maisons.

Enfin, cette société d'amour, d'unité, de justice commencée sur la terre se continuera dans la vie à venir, *et in futuro vitam æternam.*

Voilà donc le double sens contenu, d'après l'interprétation même du Christ, dans ce mot : « royaume de Dieu »

Sur la terre c'est une société humainement organisée où chacun, se rapportant de toutes ses forces à Dieu, qui est l'unité, aimera son prochain comme soi-même.

Dans le ciel c'est le développement éternel et infini de cette société d'amour.

Jésus-|Christ est venu essayer le paradis à la terre.

Cependant Jésus-Christ ne se dissimule pas les obstacles que rencontrera ce royaume et la peine qu'il aura à s'établir dans le monde ;

« Le royaume de Dieu, dit-il, souffre résis-
« tance, et il n'y a que les violents qui l'em-
« portent. »

La lutte que nous subissons à cette heure pour fonder une société juste et humaine est prédite à chaque page de l'Évangile :

« La voie qui mène à la vie, dit le Rédemp-
« teur, est étroite. »

Depuis dix-huit siècles, en effet, que nous nous efforçons nous n'avons pas encore pu y pénétrer.

Les peuples se tiennent toujours sur le seuil, essayant de forcer le passage difficile, et toujours repoussés par l'embouchure étroite de ce nouveau royaume.

Il y a eu jusqu'ici dans le monde des chrétiens, mais il n'y a pas encore une société chrétienne.

Toutefois Jésus ne laisse pas que de nous exhorter à la lutte.

« Efforcez-vous d'entrer, nous dit-il, par la « porte étroite. »

Il ne nous cache, au reste, aucune des tribulations que nous aurons à souffrir pour en arriver là ; et il nous les prédit à l'avance, afin que nous n'en soyons pas déconcertés :

« Alors on vous livrera aux juges pour être « tourmentés, et ils vous feront mourir.

« Le monde vous haïra comme il m'a haï « moi-même le premier. »

Cependant le Sauveur nous promet que, dans cette lutte laborieuse, l'avantage restera aux siens, c'est-à-dire aux hommes qui auront vaillamment milité comme lui pour la sainte cause des révolutions, à ceux qui auront porté jusqu'au bout, sur leurs épaules, la lourde croix de l'humanité souffrante [1].

« Ayez confiance, s'écrie-t-il ; j'ai vaincu le « monde ! »

---

[1] « Quiconque ne porte pas sa croix et ne me suit pas ne peut pas être mon disciple. » (Luc, v. iv, 127.)

Et ailleurs :

« Lorsqu'une femme enfante, dit-il, elle est dans la tristesse, parce que son heure est venue; mais, lorsqu'elle est accouchée d'un fils, la joie qu'elle a de ce qu'un enfant est né lui fait oublier ses douleurs. »

La France est maintenant cette mère en travail qui souffre et qui gémit dans les angoisses de l'enfantement.

Mère, prends courage, car l'enfant de tes entrailles sera beau, et la joie de l'avoir mis au monde séchera toutes les larmes dans tes yeux!

Jésus-Christ nous enseigne clairement la puissance qui fera résistance au nouveau royaume et l'ennemi que nous devrons combattre : ce sera «le prince du monde.»

Si cette société nouvelle apportée par le Christ doit en effet rencontrer des obstacles, c'est surtout dans le chef de ce vieux monde qu'elle vient détruire.

De là ce grand duel prédit à chaque instant par le Christ entre ses disciples et le monde :

« Vous n'êtes pas du monde, leur disait-il.

« Si vous eussiez été du monde, le monde eût aimé ce qui eût été à lui : mais le monde vous hait, parce que vous n'êtes pas du monde et que je vous ai choisis et tirés du monde. »

Jésus-Christ avait extrait ses disciples de l'ancienne société pour les initier à une société nouvelle, qu'ils devaient répandre ensuite sur toute la terre.

Telle est la cause de la haine que les gouvernements leur porteront; car les gouvernements haïssent toujours les hommes généreux qui tentent la réforme et le bonheur de l'humanité.

Mais celui qui apportera le plus de passion dans cette lutte sera le chef du vieux monde, puisque ses intérêts sont les plus menacés : aussi Jésus-Christ nous déclare-t-il que ce chef va « être déchaîné. »

Par ce prince ou ce chef du monde Jésus-Christ entend le pouvoir souverain, représenté dans un homme,

Au reste, Jésus-Christ nous déclare que sa sentence est portée, et que sa ruine entraînera celle de l'ancienne société tout entière.

« Lorsque le consolateur viendra, nous dit-il, il convaincra le monde de condamnation, car le prince du monde est déjà condamné. »

Mais cette sentence de condamnation ne recevra son entier développement que par l'expulsion et le bannissement de ce pouvoir.

« Maintenant, ajoute Jésus-Christ, le prince de ce monde va être chassé dehors. »

Si Jésus-Christ se déclare en lutte avec le monde, c'est qu'il sait que, pour introduire son royaume, il lui faudra changer toutes les anciennes institutions et refaire entièrement la société à neuf.

« Personne, dit-il, ne coud une pièce d'étoffe neuve et rude à un vieux vêtement, parce que la pièce neuve emporte l'autre et que la déchirure en devient plus considérable.

« Personne ne met de vin nouveau dans de vieilles outres, parce que le vin nouveau romprait les outres et que le vin se répandrait. »

Là est la théorie de toutes les révolutions qui depuis dix-huit siècles agitent le monde.

On a essayé de recoudre le christianisme aux institutions du vieux monde,

On a voulu injecter les idées de l'Évangile dans les monarchies, qui sont de vieilles outres payennes,

Mais ce que le Christ a prédit arrivera :

La pièce neuve et rude cousue au vieux manteau de pourpre usé en augmentera la scissure;

Le vin des nouveaux principes de liberté et de fraternité humaine mis dans les anciennes institutions sociales les fera éclater.

Jésus-Christ disait donc vrai quand, dans un sentiment d'allégresse et de triomphe pour ses frères, il s'écriait : « J'ai vaincu le monde! »

Oui, la ruine du vieux monde est désormais imminente.

Vous rencontrerez bien encore quelques obstacles, vous qui combattez pour la victoire des idées chrétiennes!

« On vous citera devant les tribunaux, et
« le jour approche où ceux qui vous feront
« mourir croiront être agréables à Dieu. »

Mais nous vous répéterons avec le Christ :
« Ayez confiance ! »

Ne vous laissez pas intimider ni découra-
ger, vous qui luttez pour la grande cause des
peuples ! vous retrouverez au centuple ce que
vous aurez laissé pour elle, maisons, biens,
famille, et, si vous *perdez* même votre vie,
vous la *sauverez*, car c'est encore vivre que de
mourir pour l'humanité.

On a faussement attribué à Jésus-Christ un
esprit de soumission qui n'est point dans
l'Évangile et dont nous expliquerons ailleurs
l'origine.

Jésus-Christ exhorte au contraire et sans
cesse les siens au soulèvement ;

« Maintenant, dit-il, que celui qui a un
« sac ou une bourse la prenne, et que celui
« qui n'en a point vende sa robe pour acheter
« une épée. »

Sa doctrine n'est point, comme on l'a prétendu, une doctrine de résignation et de
calme :

« Je suis venu apporter le feu sur la terre !
« s'écrie Jésus ; et que veux-je, sinon qu'il
« s'allume !

« J'ai un baptême dont je dois être baptisé [1],
« et combien je me tords en attendant qu'il
« s'accomplisse !

« Croyez-vous que je sois venu pour appor-
« ter la paix sur la terre ? non, je vous le dé-
« clare, mais le glaive.

« Car désormais, s'il se trouve cinq per-
« sonnes dans une maison, elles seront divi-
« sées les unes contre les autres, trois contre
« deux et deux contre trois ;

« Car je suis venu mettre la division entre
« le fils et le père, entre la mère et la fille,
« entre la belle-mère et la belle-fille ;

[1] C'était un baptême de sang, baptême qui devait s'accomplir non-seulement sur Jésus par sa passion, mais encore, par les révolutions, sur l'humanité, qui est la forme
collective de Jésus-Christ.

« Et les domestiques d'un homme seront
« ses ennemis. »

Mais ces divisions ne sont que les préludes et les signes avant-coureurs de la grande révolution qui va changer la face de tout.

Il ajoutait, en s'adressant au peuple :

« Lorsque vous voyez un nuage se former
« du côté du couchant, vous dites aussitôt
« que la pluie ne tardera pas à venir, et la
« pluie vient ;

« Ou, lorsque vous voyez souffler le vent du
« midi, vous dites qu'il fera chaud, et la cha-
« leur ne manque pas d'arriver.

« Hypocrites que vous êtes ! vous savez re-
« connaître les différentes faces du ciel et de
« la terre : comment donc ne reconnaissez-vous
« pas ce temps-ci ?

« Comment ne discernez-vous point par ce
« qui se passe parmi vous ce qui est juste ? »

Simples et profondes paroles qui s'appliquent encore merveilleusement au temps où nous sommes ; car, à mesure que ce temps-ci s'écoule, c'est-à-dire que la venue du Christ gagne en durée, nous avançons de plus en plus vers la grande révolution du monde.

Hypocrites vous êtes vous qui, vous disant chrétiens, refusez d'entrer dans le mouvement de l'humanité qui s'accomplit sous vos yeux!

Par le nuage sombre qui se forme à l'horizon, par le vent chaud des révolutions qui souffle, par tout ce qui se passe parmi vous, connaissez donc enfin de quel côté est la justice et de quel autre l'iniquité!

La Providence ne peut faillir; et, si elle envoie la pluie ou le vent aux nations, si elle les agite comme des arbres sous la tempête, c'est que cet orage est nécessaire pour amener le calme et la sérénité du « royaume de de Dieu. »

Jésus-Christ réglait sa conduite sur ces principes révolutionnaires.

Sa vie fut une vie de protestation et d'indépendance.

Il commence d'abord par décliner l'autorité de la famille :

« Quand les jours de la fête de Pâques
« furent passés, lorsque les parents de Jésus
« s'en retournèrent, l'enfant demeura dans
« Jérusalem sans que son père ni sa mère s'en
« aperçussent ;

« Et, pensant qu'il était avec quelqu'un de
« ceux de leur compagnie, ils marchèrent du-
« rant un jour, et ils le cherchaient parmi
« leurs parents et parmi les familles de leur
« connaissance ;

« Mais ne l'ayant point trouvé ils retour-
« nèrent à Jérusalem pour l'y chercher.

« Trois jours après ils le trouvèrent dans
« le temple, assis au milieu des docteurs, les
« écoutant et les interrogeant ;

« Et tous ceux qui l'entendaient étaient ra-
« vis en admiration de sa sagesse et de ses ré-
« ponses.

« Lors donc que ses parents le virent ils
« furent remplis d'étonnement, et sa mère
« lui dit : Fils, pourquoi avez-vous agi ainsi
« avec nous? Voilà votre père et moi qui vous
« cherchions tout affligés.

« Il leur répondit : Pourquoi me cherchiez-

« vous? Ne savez-vous pas qu'il faut que je
« sois à ce qui regarde le service de mon père,
« qui est Dieu? »

En un autre endroit Jésus repousse également et en termes encore plus durs l'intervention de sa mère:

« Il se fit des noces en Galilée, et la mère
« de Jésus y était.

« Jésus fut aussi convié aux noces avec ses
« disciples.

« Et le vin venant à manquer la mère de
« Jésus lui dit: Ils n'ont point de vin.

« Jésus lui répondit: Femme, qu'y a-t-il
« entre vous et moi? »

Il rejette également loin de lui et de ses disciples le joug de la loi.

« En ce temps-là Jésus marchait par les blés
« un jour de sabbat, et ses disciples ayant faim
« cueillirent des épis et en mangèrent.

« Mais les pharisiens lui dirent: Voici que
« vos disciples font ce qu'il n'est pas permis
« de faire le jour du repos.

« Jésus leur répondit: N'avez-vous jamais
« lu ce que fit David dans la nécessité où il
« se trouva lorsque lui et ceux de sa suite fu-
« rent pressés de la faim?

« Comment il entra dans la maison de Dieu
« sous le pontife Abiathas et mangea des
« pains de proposition, dont il n'était permis
« qu'aux prêtres de manger et comment il en
« donna même à sa suite?

« Jésus leur ajouta : Le jour du repos a été
« fait pour l'homme, et non pas l'homme
« pour le jour du repos. »

Et ailleurs l'Évangile nous dit :

« Ce jour-là les scribes et les pharisiens qui
« étaient venus de Jérusalem s'approchèrent
« de Jésus et lui demandèrent :

« Pourquoi vos disciples violent-ils la tra-
« dition des anciens? car ils ne se lavent point
« les mains quand ils se mettent à table.

« Or ni les pharisiens ni aucuns Juifs ne
« mangent s'ils ne se sont plusieurs fois lavé
« les mains avant le repas, selon la tradition
« des anciens ;

« Et lorsqu'ils reviennent de la place pu-
« blique ils ne mangent point qu'après s'être
« lavés, et ils ont beaucoup d'autres usages
« qui leur ont été prescrits, comme de laver
« les coupes, les pots, les vaisseaux d'airain
« et les lits ¹.

¹ Ces usages et ces traditions n'étaient pas seulement chez

« Et Jésus leur répondit : Hypocrites, vous
« laissez le commandement de Dieu pour gar-
« der les traditions humaines, pour laver les
« pots et les coupes, et observer beaucoup
« d'autres choses semblables !

« Alors il appela de nouveau le peuple et
« lui dit : Écoutez-moi bien tous et concevez
« bien ce que je vous dirai.

« Rien de ce qui est hors de l'homme ne le
« souille.

Une autre fois, pendant qu'il parlait, un
pharisien le pria de venir dîner chez lui; il y
vint et se mit à table.

« Or le pharisien s'occupait en lui-même
« de ce que Jésus ne s'était point lavé avant
« le repas.

« Mais le Seigneur lui dit : Vous autres, pha-
« risiens, vous nettoyez le dehors de la coupe
« et du plat, et au-dedans vous êtes pleins de
« rapine et d'injustice. »

Jésus-Christ ne cessait encore de fronder les
autorités de son pays;

Il attaquait dans ses discours les pharisiens,
qui étaient les grands de la Judée :

les Juifs de simples convenances : c'étaient des lois sa-
crées comme chez nous les lois de l'Église.

« Malheur à vous, pharisiens, qui liez sur
« le peuple des fardeaux pesants qu'il ne lui
« est pas possible de porter !

« Malheur à vous qui aimez qu'on vous
« donne les premières places dans les fes-
« tins et les premières chaires dans les syna-
« gogues,

« Qu'on vous salue dans les places publi-
« ques et qu'on vous appelle maîtres! »

Jésus passe ensuite en revue, sous son anathème, toute l'aristocratie juive, les scribes,
les docteurs, les princes des prêtres qu'il
nomme des sépulcres blanchis et pleins d'ossements.

Au contraire, ce même homme, si dur
quand il traitait avec les vices des puissants
et des doctes, était d'une miséricorde infinie
quand il descendait vers les infirmités et les
angoisses du pauvre peuple.

« Et considérant les troupes du peuple, il en
« eut compassion, dit l'Évangile, parce, qu'ils
« étaient languissants et dispersés comme des
« brebis sans pasteur. »

C'est ce caractère de frondeur et de révolutionnaire qui attirait chaque jour à Jésus les représailles de l'aristocratie juive.

Déjà plusieurs fois les chefs de la nation avaient essayé de mettre les mains sur lui, mais « ils craignaient le peuple, *et timuerunt turbam.* »

Il y eut cependant une tentative d'arrestation concertée entre les magistrats au milieu des fêtes de Pâques qui avaient attiré une grande affluence d'hommes et de femmes à Jérusalem.

« Or il y eut plusieurs d'entre le peuple
« qui crurent en lui et qui disaient ; Lorsque
« le Christ viendra, fera-t-il plus de prodiges
« que celui-ci?

« Les pharisiens, entendant que le peuple
« tenait ce langage à son sujet, envoyèrent,

« de concert avec les princes des prêtres, des
« archers pour le prendre. »

Mais ces archers, qui étaient eux-mêmes
des gens du peuple, furent si frappés de la
doctrine démocratique de Jésus qu'ils ne pu-
rent se résoudre à l'arrêter.

« Les archers même retournèrent vers les
« princes des prêtres et vers les pharisiens, qui
« leur demandèrent pourquoi ils ne l'avaient
« pas amené ;

« Et ils répondirent que jamais homme
« n'avait parlé comme celui-là. »

⚜

Cependant les grands de la nation ne cessaient d'exciter le peuple contre Jésus et de
l'engager à lui jeter des pierres.

Voyant que les voies de faits ne réussi-
saient pas, ils eurent recours à la calomnie
et à la diffamation.

Les scribes cherchaient à le faire passer pour fou, *insanit.*

Les scribes et les pharisiens l'ayant surpris plusieurs fois à manger et à boire avec des hommes du peuple lui firent une réputation d'ivrogne, *potator vini.*

Sa propre famille, dont il avait plus d'une fois décliné l'autorité, voulut le faire mettre en interdit;

« Étant venu à la maison, dit l'Évangile,
« il s'y assembla de nouveau tant de peuple
« que Jésus et ses disciples ne pouvaient pren-
« dre leur repas;

« Ce que ses parents ayant appris ils vin-
« rent pour se saisir de lui, car ils disaient
« qu'il était aliéné d'esprit. »

Les habitants même de Nazareth, où il avait été élevé, le chassèrent hors de la ville et le menèrent jusque sur le haut de la montagne où elle était bâtie, voulant le précipiter.

Mais Jésus, passant au milieu d'eux, allait.

Cette vie de persécutions est celle de tous les révolutionnaires, et Jésus n'en promet pas une plus douce à ses disciples :

« Gardez-vous des hommes, leur dit-il, car
« ils vous livreront aux juges;

« Ils vous mèneront devant les gouverneurs
« et devant les rois à cause de moi. »

Jésus sait que cette œuvre de l'émancipation du monde est une croix, et il déclare que quiconque ne se décide pas à la porter n'est pas digne de le suivre;

Il sait que cette révolution de l'humanité est un calice, et il déclare que quiconque n'y boira pas n'aura point sa part ensuite dans le grand banquet.

Pierre ayant voulu le détourner de boire le premier à ce calice amer,

« Jésus, le regardant par-dessus l'épaule,
« lui dit : Allez, satan, ôtez-vous de devant moi!
« vous m'êtes à scandale !

« Si quelqu'un veut me suivre, qu'il re-
« nonce à soi-même, qu'il porte sa croix et
« qu'il marche sur mes pas! »

Le renoncement à soi-même, c'est-à-dire le sacrifice de l'égoïsme individuel à l'intérêt de l'humanité, est la première condition de tout vrai révolutionnaire.

Jésus veut qu'on immole au succès de cette grande cause jusqu'aux affections les plus tendres de la famille :

« Celui qui aime son père ou sa mère plus
« que moi, dit-il, n'est pas digne de moi, et
« celui qui aime son fils ou sa fille plus que
« moi n'est pas digne de moi. »

Il est bon de remarquer qu'ici et dans plusieurs autres endroits que nous aurons occasion de citer Jésus-Christ se donne comme le représentant de l'humanité.

C'est dans ce sens qu'il se fait appeler le fils de l'homme, *filius hominis.*

« J'ai fait connaître votre nom aux hommes,
« dit-il encore dans une prière à Dieu, afin que
« vous les aimiez de l'amour dont vous m'avez
« aimé, *étant moi-même en eux.* »

L'humanité en progrès et en révolution est donc la forme visible de Jésus-Christ.

Il lui faut passer par la même passion et boire au même calice amer.

C'est à ce titre de représentant de l'humanité que Jésus demande qu'on se sacrifie à lui, et qu'on renonce pour le suivre à tout le reste.

Mais à ces maux, à ces persécutions, à ces affronts sans nombre qu'il faut subir pour sui-

vre les traces de Jésus-Christ sur cette voie
épineuse du dévouement, le grand Rédempteur
oppose une compensation sublime qui les ba-
lance tous :

« Celui qui aura persévéré jusqu'à la fin,
« dit-il, sera libre ! »

La preuve que la doctrine de Jésus-Christ
était toute démocratique, c'est qu'elle n'était
reçue que par le peuple, et encore par le bas
peuple.

« Y a-t-il, disaient les principaux de la na-
« tion aux archers qu'ils avaient envoyés pour
« arrêter Jésus, quelqu'un des seigneurs ou
« des pharisiens qui ait cru en lui ?

« Car, pour cette populace qui l'écoute, tout
« le monde sait qu'elle est maudite de Dieu. »

Quels étaient en effet ceux qui suivaient
Jésus ? des pêcheurs de la mer de la Galilée,

des ouvriers, des pauvres, tout une tourbe af-
famée d'hommes sans pain et sans argent
auxquels le Sauveur disait lui-même :

« Ce n'est point à cause de mes miracles que
« vous me cherchez, mais parce que vous avez
« mangé de mes pains et que vous avez été
« rassasiés. »

C'étaient encore des malades, des fous, des
lunatiques, des affligés dont Jésus-Christ guérissait toutes les langueurs ;

C'étaient des publicains, des hommes de
mauvaise vie, des pécheurs, des débauchés,
des ivrognes, des gens mal famés dans le pays
avec lesquels il frayait en public.

« Et un homme riche appelé Zachée, chef
« des publicains [1],

« Qui cherchait le moyen de voir Jésus et
« de le connaître, mais qui en était empêché
« par la foule parce qu'il était fort petit,

« Prenant le devant, monta sur un cyco-
» more pour le voir en un endroit où il devait
« passer.

« Jésus étant arrivé en ce lieu-là le regarda [2]

---

[1] Les publicains chargés chez les Juifs du prélèvement
des impôts étaient des gens mal vus.

[2] Sans doute parce qu'il était petit, dit un Père de l'église.

« et lui dit : Zachée, descendez promptement,
« parce que je dois loger aujourd'hui chez vous.

« Il descendit promptement et le reçut avec
« grande joie.

« Tout le peuple l'ayant vu aller murmura
« de ce qu'il était allé loger chez un pécheur.

« Mais Zachée, se présentant devant le Sei-
« gneur, lui dit : Seigneur, je déclare que je
« donne la moitié de mon bien aux pauvres,
« et que, si j'ai fait tort de quelque chose à
« quelqu'un, je lui en rends quatre fois au-
« tant.

« Alors Jésus lui dit : Le salut entre aujour-
« d'hui dans cette maison, parce que celui-ci
« même est aussi enfant d'Abraham. »

Ce salut était une réintégration. Jésus annonce à ce pécheur, à ce publicain en dehors
de la société, qu'il va le relever aux yeux des
hommes et le faire rentrer dans la grande famille, « car lui aussi est un enfant. »

Réhabiliter toutes les conditions, faire re-
monter toutes les charges à l'estime publique,
effacer d'entre les hommes ces distinctions
d'état et de naissance qui les divisent, voilà
toute la mission du Christ.

« Or Jésus, dit ailleurs l'Évangile, étant allé
« manger dans la maison de Mathieu, il y vint

« plusieurs publicains et pécheurs manger
« avec Jésus et ses disciples.

« Les pharisiens s'en étant aperçus dirent
« à ses disciples : Pourquoi votre maître mange-
« t-il avec les publicains et les pécheurs?

« Jésus leur répondit : Je ne suis pas venu
« appeler les justes, mais les pécheurs ;

« Car je suis venu sauver ce qui avait péri. »

Il y avait en effet, avant la venue du Christ,
toute une grande portion de l'humanité qui
était morte.

L'esclave, le pauvre, le publicain, la pécheresse ne prenaient à la vie que ses misères ou
ses affronts; ils avaient péri à tout le reste, à
l'estime, à la fortune, aux honneurs, à tout,
en un mot, ce qui vaut la peine de vivre.

On peut dire qu'une grande moitié de la société n'existait pas *pericrat.*

Le pauvre et la prostituée sont encore chez
nous dans ce même état de mort civile et de
dépérissement.

Or, cependant, Jésus-Christ est venu ressusciter ce qui était mort, et appeler les pécheurs,
les proscrits, les anathèmes à entrer en communion avec les justes.

C'est pour cela qu'il traînait à sa suite toute
cette famille de perclus, de gueux, de pécheurs,

de débauchés, de lépreux, de publicains man-
geants et buvants.

Il voulait faire entrer toute cette bande à sa
suite dans le nouveau royaume.

C'était là son œuvre et son peuple de prédilection ; car, voulant faire entendre à Jean et
à ses disciples qu'il était le Christ, Jésus ne
trouve pas de meilleur argument que celui-ci :

« Allez rapporter à Jean ce que vous avez
« ouï et ce que vous avez vu,

« Que les aveugles voient, les boiteux mar-
« chent, les lépreux sont guéris, les sourds en-
« tendent, les morts ressuscitent, et que *l'É-*
« *vangile est prêché aux pauvres.* »

Ceci est en effet un témoignage au-dessus
même des miracles ; oui, le Christ est venu
du moment que le pauvre a reçu la bonne
nouvelle de sa délivrance ;

Et comme le Sauveur sait que cette œuvre
de l'élévation du pauvre, du petit, du faible,
de l'humilié, du pécheur rencontrera une vive
opposition dans l'ancienne société, il ajoute :

« Bienheureux celui à qui je ne serai point
« un sujet de scandale ! »

Rien en effet de plus scandalisant pour les
oreilles des riches que la doctrine du Christ,
et voilà pourquoi ils avaient sans cesse, en l'é-

coutant, le blasphème à la bouche ou la pierre à la main.

L'Évangile nous dit cependant que plusieurs même d'entre les principaux des Juifs crurent en lui ; mais, à cause des pharisiens, ils ne le confessaient pas, de peur d'être chassés de la synagogue.

« Car ils aimèrent plus, ajoute le texte, « la gloire des hommes que la gloire de « Dieu. »

D'où il suit qu'il y avait de la honte, aux yeux des Juifs, à se déclarer pour ce chef de la populace qui prétendait détruire les prérogatives des grands.

Qu'est-ce alors qui *confessait* Jésus-Christ devant les hommes ?

Un mendiant des rues, pauvre aveugle auquel le Sauveur avait ouvert les yeux, une Juive nommée Madeleine qui avait fait commerce de son corps, une Samaritaine débauchée, des lépreux, des démoniaques, des infirmes, des pauvres, des vagabonds, en un mot tous ceux qui souffraient, tous ceux que le vieux monde avait rejetés et qui, comme la Samaritaine du puits, attendaient dans les angoisses du cœur une réhabilitation.

« *Christus cum venerit, restituet omnia, lors-*

« que le Christ viendra, disait-elle, il réta-
« blira toutes choses. »

Et Jésus lui répondit : « Il est venu ! »

Étant venu pour réhabiliter les pauvres et
les pécheurs, Jésus-Christ prend sur lui leurs
misères et leur condamnation.

Il vit de leur vie et se fait anathème avec
eux pour les sauver avec lui.

Il descend à eux et accepte leur blâme aux
yeux du monde pour mieux lever de dessus leur
front le sceau de la réprobation.

Il est si pauvre qu'il n'a pas même un demi-
sicle pour acquitter l'impôt personnel, et qu'il
envoie Pierre le chercher dans la gueule d'un
poisson.

« Allez-vous-en en mer, lui dit-il, jetez un
hameçon, et tirez-en le premier poisson qui y
montera : vous lui trouverez dans la bouche un

sicle, prenez-le, et leur donnez pour moi et pour vous [1]. »

Si le Christ eût vécu de nos jours et dans notre société, il n'aurait joui d'aucun droit politique; car, ne possédant rien, il n'aurait pas payé le cens.

Cette voix qui a changé le monde n'aurait pas pu se faire entendre à la tribune!

Ce Dieu homme devant lequel l'humanité se prosterne avec amour aurait été relégué, comme fils d'ouvrier et comme ne payant pas d'impositions, parmi l'obscure *canaille!*

Dans notre société il eût été traîné par deux gendarmes devant un tribunal de police correctionnelle et condamné pour délit de vagabondage, car le fils de Dieu n'avait pas de gîte et passait la nuit en plein air sur une montagne.

Au reste, cet état de pauvreté et de dénuement se liait à l'idée que Jésus-Christ se faisait d'un prophète, c'est-à-dire d'un homme qui veut éclairer le peuple.

« Jésus dit, au sujet de Jean : Qu'êtes-vous allé voir dans le désert? un roseau agité par le vent!

[1] Jésus entend dire par-là à son disciple qu'ayant pris un poisson dans la mer il le vendra un sicle.

« Mais qu'êtes-vous allé voir? un homme vêtu de drap précieux! C'est chez les rois que se trouvent les personnes vêtues de la sorte.

« Mais qu'êtes-vous allé voir? un prophète, oui, je vous le dis, et plus qu'un prophète. »

Oui, Jean était un prophète, car c'était un homme du peuple grossièrement vêtu d'un habit de poil de chameau, avec une ceinture de cuir sur les reins, qui prêchait et annonçait un grand changement dans le monde.

Non-seulement Jésus subit comme lui les misères de la classe pauvre, mais il s'associe encore au blâme et aux affronts qui pesaient de son temps sur les classes réprouvées.

Quand il mange, c'est avec des pécheurs; quand il boit, c'est avec toute sorte de gens déréglés qui font murmurer les passants.

Les femmes qui le touchent sont des femmes débauchées dont se scandalisent les pharisiens.

« Or il y avait dans la ville une femme pé-
« cheresse qui, ayant su qu'il mangeait chez
« le pharisien, apporta un vase d'albâtre
« plein d'un baume odoriférant;

« Et, se tenant derrière lui prosternée à ses
« pieds, elle les arrosait de ses larmes, les

« essuyait de ses cheveux, les baisait et les
« parfumait du baume.

« Le pharisien qui l'avait invité, voyant ce
« qu'elle faisait, dit en lui-même : Si cet
« homme était prophète, il saurait qui est
« cette femme qui le touche et qu'elle est pé-
« cheresse.

« Alors Jésus, prenant la parole, lui dit : Si-
« mon, j'ai quelque chose à vous dire... Il ré-
« pondit : Maître, dites...

« Un créancier avait deux débiteurs : l'un
« qui devait cinq deniers, et l'autre cin-
« quante.

« Ni l'un ni l'autre n'ayant de quoi le payer
« il leur remit à tous deux ce qu'ils lui de-
« vaient : lequel des deux donc l'aimera le
« plus?

« Simon lui répondit : Je crois que ce sera
« celui auquel il a été le plus remis. Et Jésus
« lui dit : Vous avez bien jugé.

« Alors, se tournant vers la femme, il dit à
« Simon : Voyez-vous bien cette femme? Je
« suis venu dans votre maison, vous ne m'avez
« point donné d'eau pour mes pieds, et elle, au
« contraire, m'a arrosé les pieds de ses larmes
« et les a essuyés de ses cheveux.

« Vous ne m'avez point donné de baisers,

« et elle, depuis qu'elle est entrée, n'a cessé
« de baisers mes pieds.

« Vous n'avez point versé d'huile sur ma
« tête, et elle a répandu des parfums sur mes
« pieds.

« C'est pourquoi je vous déclare que beau-
« coup de péchés lui seront remis, parce
« qu'elle a beaucoup aimé; celui auquel on
« remet moins aime moins.

« Lui parlant à elle il lui dit : Vos péchés
« vous sont remis.

« Et Jésus dit encore : Votre foi vous a rendu
« libre; allez en paix! »

Sœurs de Madeleine la prostituée, pauvres
filles à genoux, pécheresses en guerre avec le
monde, au nom du Christ, relevez-vous et
allez en paix :

Vos péchés vous sont remis!

Le grand sceau d'infamie imprimé à votre
front par la main du vieux monde est brisé.

Filles du peuple, vous êtes pardonnées! pauvres esclaves de l'homme, vous serez libres!

Il vous sera beaucoup remis, mes sœurs,
parce que vous avez beaucoup souffert et beaucoup aimé!

Celui qui conserve l'amour dans son cœur
conserve Dieu.

Cette rémission des péchés était pour les Juifs le grand sujet de scandale et la pierre d'achoppement.

« Ceux qui étaient à table avec lui commen-
« cèrent à dire en eux-mêmes : Qui est celui
« qui remet même les péchés ? »

Suivant les Juifs, le péché, qui était le mal, laissait sur ses enfants un caractère ineffaçable.

Nous ne devons pas nous en étonner, puisque, dix-huit siècles plus tard, nous retrouvons encore dans notre société cette même rigueur inflexible.

Nous avons, comme les Juifs, nos maudits et nos maudites, nous avons nos forçats et nos prostituées.

Ces pécheurs et ces pécheresses *à perpétuité* se traînent avec des sanglots ou des menaces autour de la société impitoyable.

Or Jésus est venu remettre à ceux qui doivent, il est venu délier ce qui était lié, il est
venu dire à tous ces pécheurs atteints de mort
civile : « Mes fils, prenez confiance, vos pé-
« chés vous sont pardonnés, *confide, fili, re-*
« *mittuntur tibi peccata tua.* »

Cette œuvre de rémission et de miséricorde
est la grande œuvre sociale du Christ.

Les pécheurs, les maudits, les réprouvés
du vieux monde sont ses enfants de prédilection ; il mange avec eux ; à eux ses plus douces
paroles et ses plus tendres caresses.

C'est pour ces enfants prodigues qu'il veut
qu'on tue le veau gras, c'est pour ces brebis
perdues qu'il a des joies et des amours de pasteur.

« Y a-t-il quelqu'un d'entre vous, dit-il aux
« Juifs, qui, ayant cent brebis dont une s'est
« égarée, ne laisse pas les quatre-vingt-dix-
« neuf dans le désert pour aller chercher
« celle qui s'est perdue jusqu'à ce qu'il l'ait
« trouvée ?

« Et, s'il l'a trouve, ne la rapporte-t il pas
« sur ses épaules avec joie ?

« Et, étant arrivé dans sa maison, n'as-
« semble-t-il pas ses amis et ses voisins pour
« leur dire : Réjouissez-vous avec moi, parce

« que j'ai trouvé ma brebis qui s'était perdue?»

Il leur dit encore : « Un homme avait deux
« fils.

« Le plus jeune des deux dit à son père :
« Mon père, donnez-moi ce qui doit me reve-
« nir de votre bien... Et le père leur fit le par-
« tage de son bien.

« Peu de jours après, le plus jeune des deux
« enfants ayant ramassé tout ce qu'il avait, s'en
« alla dans un pays étranger fort éloigné où
« il dissipa tout son bien en débauches.

« Après qu'il eut tout dépensé il survint
« une grande famine en ce pays-là, et il com-
« mença à tomber en nécessité.

« Il s'en alla donc et s'attacha au service
« d'un des habitants du pays qui l'envoya
« dans sa maison des champs pour y garder les
« pourceaux.

« Et là il eût été bien aise de remplir son
« ventre des écosses que les pourceaux man-
« geaient : mais personne ne voulait lui en
« donner.

« Enfin, étant rentré en lui-même, il dit :
« Combien y a-t-il chez mon père de serviteurs
« à gages qui ont plus de pain qu'il ne leur en
« faut! et moi je meurs ici de faim!

« Je partirai, et j'irai à mon père, et je lui

« dirai : Père, j'ai péché contre le ciel et contre
« vous,

« Et je ne suis plus digne d'être appelé vo-
« tre fils; traitez-moi comme l'un des servi-
« teurs qui sont à vos gages.

« Il partit donc et vint trouver son père.
« Lorsqu'il était encore bien loin, son père
« l'aperçut et en fut touché de compassion,
« et, courant à lui, il se jeta à son cou et le
« baisa.

« Son fils lui dit : Père, j'ai péché contre le
« Ciel et contre vous, et je ne suis pas digne
« d'être appelé votre fils.

« Alors le père dit à ses serviteurs : Apportez
« promptement la plus belle robe et l'en re-
« vêtez, et mettez-lui un anneau au doigt et
« des souliers à ses pieds.

« Amenez aussi le veau gras et le tuez.
« Mangeons et faisons bonne chère,

« Parce que mon fils que voici était mort
« et il est ressuscité, il était perdu et il est re-
« trouvé. Et ils firent festin. »

Brebis égarées,

Pauvres enfants prodigues de la société,
vous qui vivez en servitude dans les plaisirs
de la débauche,

Vous qui tombez ensuite, par suite de vos

excès, dans une misère et une domesticité honteuses, vous qui manquez de pain et qui avez
faim,

Mes frères et mes sœurs, prenez courage!

Brebis, revenez au bercail! car Christ, le
pasteur, vous y a préparé de gras pâturages.

Enfants prodigues, revenez à la maison, car
Christ, le père de famille de la société, vous y
prépare une robe neuve, un anneau d'or et une
place au banquet.

Gueux, chenapants, sans-culottes, bohémiens et prostituées, proscrits et proscrites
de la société, ayez bon espoir!

Le temps de votre rentrée dans l'État et de
votre conversion approche.

Vous avez péché, mais revenez et repentez-
vous,

Et l'État reconstitué vous dira : Mes fils et
mes filles! et il sautera à votre cou et il vous
baisera du baiser de paix.

Non-seulement Jésus déclare, contre le sentiment des Juifs, le péché rémissible, non-seulement il veut faire rentrer la brebis perdue au bercail et l'enfant prodigue au banquet de famille, mais encore il nous enseigne que ces brebis et ces enfants égarés sont ceux dont la société doit tenir le plus de compte;

Et la raison en est simple : c'est qu'ils ont plus souffert.

Écoutons la fin de la parabole :

« Cependant son fils aîné, qui était dans les
« champs, revint, et lorsqu'il fut proche de
« la maison il entendit le bruit de la musique
« et de la danse.

« Il appela donc un des serviteurs et lui
« demanda ce que c'était.

« Le serviteur lui répondit : C'est que votre
« frère est revenu, et votre père a tué le veau
« gras, parce qu'il le revoit en santé.

« Ce qui, l'ayant mis en colère, il ne voulait
« pas entrer; mais son père étant sorti com-
« mençait à l'en prier.

« Sur quoi, prenant la parole, il dit à son
« père : Voilà déjà tant d'années que je vous
« sers, et je ne vous ai jamais désobéi en rien
« de ce que vous m'avez commandé, et ce-
« pendant vous ne m'avez jamais donné un

« chevreau pour me réjouir avec mes amis;

« Mais aussitôt que votre autre fils, qui a
« mangé son bien avec des femmes perdues,
« est revenu, vous avez tué pour lui le veau
« gras.

« Alors le père lui dit : Mon fils, vous êtes
« toujours avec moi et tout ce que j'ai est à
« vous.

« Mais il fallait faire festin et nous réjouir
« parce que votre frère que voici était mort,
« et il est ressucité; il était perdu, et il est re-
« trouvé. »

Ne vous indignez donc plus, frères et sœurs
égoïstes qui criez à l'injustice et au scandale
toutes les fois que nous voulons réhabiliter
dans l'ordre civil ce qui est injustement pro-
scrit, ressusciter dans l'État ce qui est mort;

Ne murmurez plus quand nous voulons
faire asseoir le fils ou la fille prodigue à vos
tables;

Ne restez pas en dehors de la porte, et ne
regardez pas avec impatience l'éclat de cette
grande fête que nous voulons donner à l'humanité souffrante et perdue,

Car, en vérité, je vous le dis, le travail et les
égarements de ces enfants étaient nécessaires.

Il fallait qu'ils sortissent du giron de la société pour refaire eux-mêmes péniblement et durement leurs destinées.

Le mal est l'initiation au bien.

Ils ont souffert de la faim, de la servitude et de la misère, désirant emplir leur ventre des restes qu'on jetait aux pourceaux, et la société les leur a refusés,

Tandis que vous, tranquillement assis au banquet ou occupés aux travaux de la maison, vous jouissiez de tous les biens, réputation, fortune, liberté ;

Et maintenant il faut les fêter et se réjouir, et tuer le veau gras pour eux, et faire couler le vin ; car, en revenant de leur perte et en ressuscitant de leur mort, ils sauveront un jour, avec eux, l'humanité.

Le monde n'avance ni ne se réforme jamais par les mains des justes qui restent oisifs dans le bien,

Mais au contraire par l'agitation et le mouvement de ces natures prodigues qui s'en vont au loin dissipant leurs forces en excès et en débauches,

Puis qui, tombées ensuite dans les rigueurs de la misère, refont, dans leur personne et à leurs dépens, l'éducation du genre humain.

Initiation terrible sur laquelle la société

jette encore de nos jours ses chaînes de fer, ses mépris, ses violences, ses anathèmes!

Initiation de l'hérétique et du révolutionnaire, du prolétaire et du paria, du pauvre et de l'esclave!

A ceux-là donc, quand ils rentreront dans l'État, les robes blanches, les souliers neufs et les meilleurs mets au festin!

Car, comme le dit encore Jésus, dans le royaume de Dieu, c'est-à-dire dans la société humaine reconstituée, les premiers seront les derniers, et les derniers les premiers;

Ceux qui occupaient le haut de la table tiendront alors le bout opposé.

Ceux qui s'entêtent, contre toute raison, à voir dans ces mots de *royaume de Dieu* un autre sens que celui que nous lui avons donné et qui l'entendent de la fin des temps font mentir Jésus-Christ,

Car Jésus-Christ disait à ceux qui l'écoutaient :

« Je vous dis, en vérité, qu'entre ceux qui sont ici il y en a quelques-uns qui ne mourront point qu'ils n'aient vu venir le Fils de l'homme dans son règne. »

Or voici bientôt dix-neuf siècles de cela, tous les Juifs du temps de Jésus sont morts, et la fin des temps n'est pas venue.

Jésus prétendait donc uniquement annoncer que quelques-uns de ses auditeurs verraient les commencements d'une société conforme aux idées de l'Évangile.

Cette société que les Juifs contemporains du Christ ont vue est l'Église primitive.

Or l'Église est, comme nous le démontrerons dans la suite, la matrice de la grande société humaine.

Dans un autre endroit Jésus, pour faire encore bien comprendre que ce royaume de Dieu était de ces temps-ci et de ce monde, dit aux grands des Juifs :

« Je vous déclare que le royaume de Dieu vous sera ôté et qu'il sera donné au peuple qui en produira les fruits. »

Ce que les chefs et les pharisiens, ajoute le même évangéliste, ne manquèrent pas de s'attribuer.

En effet, ce royaume nouveau n'était point pour eux.

Le royaume dont parle Jésus-Christ n'est point pour les riches, car la propriété n'y sera pas admise.

Nous avons déjà raconté l'histoire de ce riche qui avait voulu s'attacher à Jésus-Christ, et qui s'en alla tout triste parce que le Sauveur lui avait ordonné de vendre ses possessions et d'en distribuer le prix aux pauvres.

Plusieurs hommes, de nos jours, poussés par le cri de leur conscience, s'approchent ainsi des révolutions, mais ils s'en retirent bientôt tristes et intimidés, parce qu'ils possèdent de grands biens.

« Il est plus difficile, dit à ce propos Jésus-Christ, à un câble d'entrer dans le trou d'une aiguille qu'à un riche d'entrer dans le royaume de Dieu. »

Le royaume dont parle Jésus-Christ n'est pas non plus pour les grands, car l'orgueil et l'ancienne distinction du rang n'y seront pas reçues.

Ceux qui tiennent maintenant le premier rang occuperont alors le dernier de tous.

Le royaume dont parle Jésus-Christ n'est pas non plus pour les scribes ni les docteurs ni les prêtres, qui veulent faire peser leurs opinions sur la multitude, car l'esclavage de l'intelligence y sera abolie.

« Si votre justice, dit Jésus-Christ, n'est pas « plus grande que celle des scribes et des « docteurs de la loi vous n'entrerez pas dans « le royaume de Dieu. »

Quels sont donc ceux alors qui entreront les premiers dans ce royaume, dans cette terre promise sociale que Jésus-Christ est venu annoncer au monde?

Ce seront les pécheurs, les publicains, les pauvres, les femmes de mauvaise vie,

Tous ceux et celles qui auront traversé durement et la sueur au front pendant des siècles le désert aride de notre société.

« Je vous déclare, en vérité, disait-il dans « le temple aux chefs des prêtres et aux an « ciens du peuple, que les publicains et les « femmes débauchées vous devanceront dans « le royaume de Dieu. »

Cette tendresse de Jésus pour les publicains et les femmes de mauvaise vie, les pécheurs et les pécheresses, les proscrits et les proscrites se montre à chaque instant dans l'Évangile.

Tantôt Jésus les oppose aux pharisiens et aux grands de la nation en leur donnant la préférence :

« Deux hommes montèrent au temple pour
« y faire leur prière : l'un était pharisien, l'au-
« tre publicain.

« Le pharisien, se tenant debout, priait ainsi
« dans son cœur : Je te rends grâce, Dieu, de
« ce que je ne suis pas comme le reste des
« hommes, qui sont voleurs, injustes, adul-
« tères, ni même comme ce publicain que voici.

« Je jeûne deux fois la semaine, je donne
« la dîme de tout ce que je possède.

« Le publicain, au contraire, se tenant fort
« au loin, n'osait pas seulement lever les yeux
« au ciel, mais il frappait sa poitrine en di-

« sant : Mon Dieu, ayez pitié de moi pécheur !

« Je vous déclare que celui-ci s'en retourna
« chez lui justifié, et non pas l'autre ; car qui-
« conque s'élève sera abaissé, et quiconque
« s'abaisse sera élevé. »

Jésus-Christ attaque ici une aristocratie que
personne n'avait encore songé à combattre,
l'aristocratie de la conscience ;

L'aristocratie, par exemple de la femme,
qui, se croyant honnête, méprise la fille de
mauvaise vie.

« Il dit cette parabole, remarque l'Évangile,
« pour quelques-uns qui mettaient leur con-
« fiance en eux-mêmes comme étant justes
« et qui *méprisaient les autres hommes.* »

Or c'est précisément ce que Jésus est venu
faire que de relever du mépris ceux qui y
étaient tombés.

D'autres fois Jésus humilie les scribes et
les docteurs en relevant au-dessus d'eux les
plus coupables ou les plus abaissés.

« Jean étant venu vers vous, leur disait-il,
« dans la voie de la justice, vous ne l'avez pas
« cru, et les publicains et les femmes débau-
« chées l'ont cru ! Mais vous, les voyant con-
« vertis, vous ne les avez pas imités ni vous
« ne vous êtes pas portés à croire Jean. »

Rien de surprenant à ce que ces proscrits et ces proscrites de l'ancienne société se soient rangés les premiers sous une doctrine qui prêchait la réforme et le renouvellement du monde.

C'est toujours par la partie souffrante de la société qu'entrent et pénètrent d'abord les grands progrès.

Courage donc et consolation à vous, pécheurs et pécheresses ! vous qui, à votre insu, subissez dans les larmes et souvent dans le crime le grand labeur humain, vous êtes les fils et les filles de la régénération !

Vous êtes, comme dit Christ, le grain de froment tombé en terre ; vous germez dans la pourriture un germe de vie.

Si le grain de froment n'était tombé en terre et s'il n'avait pourri, nous n'aurions pas eu après l'hiver l'épi mûr et gonflé.

Mais par ce que vous êtes tombés à terre sur le fumier de l'indigence et que vous y avez pourri, nous aurons le fruit de la misère qui est le partage, le fruit du désordre et de la servitude qui est la liberté.

« En ce temps - là, dit l'Évangile, Jésus-
« Christ commença à prêcher la pénitence et le
« royaume de Dieu. »

Qu'est-ce que cette pénitence, sinon la réforme de l'ancienne société et le commencement d'un royaume nouveau qui sera celui de
Dieu, car Dieu est là où se trouvent la liberté
et la justice?

Or Jésus n'est point révolutionnaire à demi ;
il ne veut pas seulement introduire dans l'ancien monde des améliorations et des progrès,

Non, il veut le détruire de fond en comble ;

Il veut déraciner toute l'ancienne végétation
de la société pour faire une plantation entièrement nouvelle.

« Tout arbre, dit-il, qui n'a pas été planté
« par mon Père céleste sera arraché. »

Il ne restera rien de la société telle qu'elle
est constituée. Et, en effet, qu'en pourrait-il

rester ? car elle est en contradiction sur tous les points avec l'Évangile.

Votre société dit au pécheur et à la pécheresse : Anathême!

Jésus-Christ dit : Miséricorde.

Votre société dit au peuple, par la bouche des gouvernements : Soumission !

Jésus-Christ dit : Soulevez-vous !

Votre société dit aux petits : Honneur aux grands!

Jésus-Christ dit : Les grands seront abaissés et les petits seront élevés.

Votre société dit au coupable par la voix des tribunaux : Justice!

Jésus - Christ lui dit : Vos péchés vous sont remis !

Votre société dit : Heureux les riches !

Jésus-Christ dit : Heureux les pauvres!

Votre société dit aux révolutionnaires : Calmez-vous !

Jésus-Christ leur dit : Je suis venu apporter le feu et je veux qu'il s'allume !

Votre société dit à ses sergents : Désarmez le peuple !

Jésus-Christ dit au peuple : Vendez votre blouse et achetez une épée!

Vous voyez donc bien que votre société ne

peut durer en présence de l'Évangile et qu'elle sera arrachée comme un arbre mort et jetée au feu.

⋄⋇⋄

Qu'est-ce alors qui la remplacera ?
Écoutez :

« Le royaume de Dieu est semblable à un
« homme qui, mariant son fils,

« Envoya ses serviteurs pour appeler aux
« noces ceux qui y étaient invités, mais ils n'y
« voulurent pas venir.

« Il leur envoya de nouveau d'autres servi-
« teurs pour leur dire : J'ai fait apprêter mon
« dîner ; l'on a tué les bœufs et tout ce que j'a-
« vais fait engraisser ; tout est prêt, venez aux
« noces.

« Mais, ne s'en mettant point en peine, ils
« s'en allèrent un dans sa terre, un autre à
« son commerce.

« Le serviteur, s'en étant retourné, rapporta
« toutes ces choses à son maître. Alors le père
« de famille, se fâchant, dit à son serviteur :

« Allez promptement dans les places et dans les
« rues de la ville, et faites venir ici les pauvres,
« les estropiés, les aveugles et les boiteux.

« Les serviteurs étant allés dans les grands
« chemins, assemblèrent tous ceux qu'ils trou-
« vèrent bons et mauvais.

« Alors le maître dit aux serviteurs : Allez
« dans les chemins et le long des haies, et pres-
« sez ceux que vous trouverez d'entrer, afin
« que ma maison soit remplie.

« Alors je vous déclare qu'aucun de ces hom-
« mes qui ont été conviés n'aura part à mon
« souper! »

Que celui qui a des yeux voie, et que celui
qui a des oreilles entende.

Jésus vient de nous donner la grande réponse
à cette question : Qu'est-ce qui remplacera
les invités et les convives actuels de la société?

Ce seront des pauvres, des infirmes, des délaissés, des bons et des *mauvais*, toutes sortes
de gens ramassés dans les carrefours ou au
coin des rues, tous ceux, en un mot, que la
vieille société oubliait et qu'elle n'avait point
invités à son festin.

A ceux-là maintenant les honneurs et les
places au banquet de la grande maison.

A ceux-là les bœufs gras, les siéges et les préparatifs du festin.

A ceux-là les caresses et les prédilections du père de famille, car ils sont les enfants de la souffrance.

Trop longtemps ils ont erré nus pieds au bord des haies et le long des grands chemins ;

Trop longtemps ils ont traîné leur misère vagabonde autour des villes ou dans les rues;

Il est juste qu'ils s'asseoient maintenant et qu'ils festinent ;

Car après la douleur vient la joie, après la pourriture du grain le brin d'herbe verte, après la grossesse l'enfantement.

En ce temps-là Jésus-Christ dit encore une autre parabole :

« Il y avait un homme riche qui était vêtu « de pourpre et de lin et qui se traitait splen- « diment tous les jours.

« Il y avait aussi un pauvre nommé Lazare,

« couché à la porte de ce riche, tout plein d'ul-
« cères,

« Qui eût bien voulu se rassasier des miettes
« qui tombaient de la table du riche, mais per-
« sonne ne lui en donnait, et les chiens ve-
« naient lécher ses ulcères.

« Il arriva que ce pauvre mourut et qu'il fut
« porté par les anges dans le sein d'Abraham.
« Le riche mourut aussi, et il fut enseveli
« dans l'enfer.

« Lorsqu'il était dans les tourments il leva
« les yeux, et il vit de loin Abraham et Lazare
« dans son sein,

« Et s'écriant, il dit : Père Abraham, ayez
« pitié de moi, et envoyez Lazare, afin qu'il
« trempe le bout de son doigt dans l'eau pour
« me rafraîchir la langue, car je souffre dans
« cette flamme !

« Abraham lui dit: Mon fils, souvenez-vous
« que vous avez reçu vos biens pendant votre
« vie, et que Lazare n'y a eu que des maux;
« maintenant il est consolé, et vous êtes tour-
« menté. »

Quel est le but de cette parabole, sinon de
promettre aux souffrances du pauvre une compensation?

Cette compensation Jésus la place d'abord dans le ciel après la mort.

Peuple! nous ne venons pas détruire ta foi en un monde meilleur fait exprès pour toi et dans lequel tu entreras au sortir de cette terre tandis que le riche en sera exclu;

Nous venons au contraire t'y confirmer et t'y consolider.

Car beaucoup sont morts et mourront avant de voir sur la terre le grand jour de la justice; il est donc bon qu'ils reçoivent ailleurs une consolation à leurs maux.

Quelques docteurs, dans ces derniers temps, ont inhumainement ébranlé les croyances du pauvre :

Malheur à eux!

Ils ont ôté la foi au peuple, et ils ne lui ont pas donné le bonheur ;

Ils ont enlevé au pauvre l'espérance du ciel, et ils lui ont abandonné la terre avec toute ses misères;

Ils ont retiré le paradis de la hotte du chiffonnier, et ils y ont laissé les chiffons.

C'est précisement le contraire qu'il fallait faire.

Il était bon de rendre le peuple heureux,

mais il n'était pas nécessaire pour cela de le faire athée.

Sans ôter la foi au pauvre on pouvait lui rendre ce monde-ci meilleur.

Il fallait retirer les ordures de la hotte trop lourde du chiffonnier et y laisser l'espérance du ciel.

L'espérance en un Dieu juste et ami du pauvre est comme une main invisible qui soulage et allége bien des fardeaux.

Toutefois, comme nous avons vu ailleurs que l'annonce du royaume de Dieu contient un double sens, présent et futur, cette parabole a également deux issues ; elle touche à la fois aux temps et à l'éternité.

Cette compensation, par laquelle « celui qui « aura reçu des biens recevra des maux, et ce- « lui qui est dans les tourments sera consolé, » aura lieu un jour dès ce monde-ci quand le monde sera reconstitué selon l'Évangile ;

Et Dieu alors se réjouira et sera sanctifié, car il ne peut pas avoir de plus grande joie que de voir la terre se refaire à l'image du ciel.

Alors Lazare, rongé d'ulcères et affamé des miettes de pain qui tombent sous la table du riche, sera élevé dans le sein du Père de famille,

Alors le riché souffrira et s'agitera dans les flammes de sa colère.

« Car, comme le dit l'Évangile, maintenant
« et dès ce temps-ci, *nunc et in tempore hoc*, plu-
« sieurs de ceux qui étaient à la queue vien-
« dront à la tête. »

De la part de Jésus, mon maître, bon espoir et consolation à vous, ô Lazares, mes frères !

Bon espoir et consolation à vous, petits mendiants qui, couchés à la porte des riches, pleins de vermine et de plaies, êtes léchés par les chiens !

Bon espoir et consolation à vous tous qui souffrez de la faim, de la pluie et du vent aux marches des palais !

Bon espoir et consolation à vous tous qui êtes pauvres !

Si vous vivez vous verrez la grande régénération humaine qui réparera et récompensera tous vos maux ; — si vous mourez vous aurez le ciel !

En ces jours-là un grand nombre de peuple de Galilée, de Decapolis, de Jérusalem, de Judée et de delà du Jourdain suivait Jésus.

Voyant ce peuple il monta sur une montagne, où s'étant assis et ayant jeté un regard compatissant sur toutes les misères qui l'entouraient,

Car un grand nombre d'entre ceux qui le suivaient étaient malades et presque tous étaient pauvres,

Il ouvrit la bouche et les enseigna en disant :

« Bienheureux les pauvres ! »

Étrange parole, et qui dut paraître encore bien plus singulière dans un monde de patriciens, dans une société de princes des prêtres, de pharisiens et de docteurs, dans un temps où le pauvre était à peine un homme !

Bonne nouvelle donc à vous, pauvres, mendiants, prolétaires, à vous tous qui luttez, la sueur au front, contre les dures nécessités de la vie, parce que pour vous est le royaume nouveau établi de Dieu !

« Bienheureux ceux qui sont doux, parce
« qu'ils posséderont la terre !

« Bienheureux les pacifiques, parce qu'ils
« seront appelés enfants de Dieu ! »

Jésus entend relever ici cette partie douce et faible de l'humanité que l'ancienne Écriture représente dans Abel.

Or Jésus lui annonce bonheur, parce que, le jour de la régénération étant venu, cette portion femelle et esclave de l'humanité abattue sous les coups de Caïn se relevera.

Alors le règne de la force et de la violence ayant disparu, elle possédera la terre que nous habitons.

De par Jésus, mon maître,

Bonne nouvelle à vous, douces vierges courbées sous la verge de fer de la famille et de la société!

Bonne nouvelle à vous, femmes faibles et suaves inclinées sous le joug du mariage!

Bonne nouvelle à vous toutes, natures tendres et pacifiques que le monde ploie lourdement sous son fardeau!

Car un jour vous posséderez en héritage cette même terre témoin de votre servitude; vous serez reçues alors dans la grande famille en qualité d'enfants de Dieu et non d'esclaves!

« Bienheureux sont ceux qui pleurent, car « ils seront consolés! »

Bonne nouvelle à vous tous qui êtes tristes d'une grande tristesse! Ayez patience, car le jour vient où vous essuierez les larmes de vos yeux.

Le beau jour de la consolation approche, le jour du règne de la justice et de la charité sur la terre.

« Bienheureux ceux qui ont faim, car ils « seront rassasiés! »

Bonne nouvelle à vous, mes frères, qui souffrez maintenant de la faim et de la soif, car un jour vous irez partager le morceau de pain et la coupe dans les mains des riches!

« Bienheureux les miséricordieux, car ils « recevront miséricorde! »

Bonne nouvelle à vous qui n'écrasez pas de vos mépris, de vos jugements et de votre inflexible rigueur la portion coupable ou souffrante du genre humain!

A vous qui ne dites pas *Raca* au galérien ni anathême à la prostituée.

« Bienheureux ceux qui ont le cœur pur, « car ils verront Dieu! »

Bonne nouvelle à vous qui tenez votre cœur libre et dégagé de toutes les souillures du vieux monde, car derrière le nuage d'iniquité qui s'abaisse et le voile transparent de la société juste que la Providence élève sous vos yeux vous verrez, un jour, la face du Tout-Puissant!

Voir l'unité c'est voir Dieu.

« Bienheureux ceux qui souffrent persécution
« pour la justice, car le royaume est à eux ! »

Bonne nouvelle à vous qui militez pour la
bonne cause des révolutions ; car le royaume
promis, le royaume du repos et de la grande
semaine, est au bout de vos efforts et de vos
combats !

A vous tous, en un mot, qui souffrez, qui
combattez, qui avez faim, de la part du Christ
et du haut de la montagne, bonne nouvelle,
courage, espoir, le jour où vous serez consolés n'est pas loin !

La douleur est l'initiation à la joie, comme
l'esclavage à la liberté, comme les révolutions
à la grande paix du monde.

Or, pour établir exactement le contraste et
faire bien entendre ce qui devait advenir un
jour, Jésus reprend :

« Malheur à vous, riches, parce que vous avez
« votre consolation ! »

« Malheur à vous qui êtes rassasiés, parce
« que vous aurez faim !

« Malheur à vous qui riez maintenant, parce
« que vous gémirez et vous pleurerez ! »

Prophétie terrible qui a déjà reçu une fois
son accomplissement : nous avons vu les riches,
frappés de terreur, quitter en pleurant leurs
maisons, leurs biens, leur patrie, et aller promener au loin des jours maudits, en proie au
dénuement et à la faim,

Mais les riches n'ont point encore versé leur
dernier pleur,

Mais ceux qui riaient n'ont point encore
gémi leur dernier gémissement,

Mais ceux qui s'emplissaient et se rassa-
siaient de la substance du peuple n'ont point
encore souffert leur dernière faim,

Car notre société dit encore :

Heureux les riches !

Heureux ceux qui rient !

Heureux ceux qui dévorent les faibles et qui
s'en engraissent !

Or, comme nous l'enseigne Jésus-Christ, le
royaume de Dieu ne viendra pas que toute
l'Écriture ne soit accomplie.

A ceux qui, après une révolution faite, s'arrêtent de lassitude et ne veulent plus conti-

nuer, craignant de nouveaux sacrifices et de nouvelles larmes,

Voici ce que Jésus dit :

« Quiconque ne porte pas sa croix jusqu'au « bout et ne me suit pas n'est pas mon disciple.

« Car qui est celui d'entre vous qui, désirant « bâtir une tour, ne s'assied premièrement « pour supputer la dépense qu'il lui faudra « faire et pour voir s'il aura de quoi l'achever,

« De peur qu'après en avoir jeté le fonde- « ment, s'il ne le pouvait achever, il ne se « rendît la risée de tout le peuple, qui, en le « voyant, dirait :

« Cet homme a commencé un édifice et il « ne l'a pu achever? »

Ainsi vous êtes, vous qui avez commencé l'édifice révolutionnaire et qui vous arrêtez au milieu tout hors d'haleine, n'en pouvant mais, et refusant de l'achever,

Vous serez la risée des peuples du monde qui passeront devant votre œuvre et qui di- ront :

— Voilà des hommes qui ont jeté les fonde- ments du grand édifice de l'humanité, et ils n'ont pas eu le courage d'aller jusqu'au faîte !

Et les peuples de la terre se moqueront de vous,

Jésus, interrogé par les pharisiens quand le royaume de Dieu devait venir, leur répondit :

« Il n'y aura point de marques par lesquelles
« on connaisse quand le royaume de Dieu
« viendra.

« On ne dira point : Il est ici, ou Il est là ;
« car sachez bien que le royaume de Dieu est
« au dedans de vous. »

C'est dans l'humanité, et au sein de chaque homme en particulier, que doit se développer ce royaume.

Il a commencé à Jean et à Jésus-Christ.

« La loi et les prophètes ont duré jusqu'à
« l'avénement de Jean : depuis ce temps-là jus-
« qu'à aujourd'hui le royaume de Dieu est
« évangélisé, et chacun fait violence pour y
« entrer. »

Cette société n'existe encore qu'au dedans de quelques hommes.

Toutefois la masse fait violence pour y parvenir, *omnis in illud vim facit.*

Ces efforts et ces violences de chacun se manifestent, surtout depuis trente ans, parmi nous par les révolutions.

Or Jésus nous enseigne clairement par qui seront faites ces révolutions et au profit de qui elles tourneront.

Il nous dit que la vigne plantée et cultivée sera retirée des mains des vignerons qui en cueillaient les grappes et qu'elle sera donnée à d'autres.

Et comme les grands du peuple, voyant qu'il en avait à eux, s'écrièrent après avoir ouï ces choses : A Dieu ne plaise !

Jésus les regarda en face :

« La pierre que les architectes avait re-
« jetée, leur dit-il, a été mise au haut de
« l'angle.

« Celui qui tombera sur cette pierre en sera
« brisé, et celui sur qui elle tombera en sera
« écrasé.

« Dès l'heure même les princes des prêtres
« et les scribes cherchèrent le moyen de met-
« tre la main sur lui, car ils conçurent bien que

« cette parabole s'adressait à eux, mais ils crai-
« gnirent le peuple. »

Hommes du peuple, travailleurs, prolétaires, proscrits et proscrites, vous êtes cette pierre que l'architecte de la société ancienne a rejetée.

On vous traite comme la pierre du chemin sur laquelle on marche et qu'on foule aux pieds;

Mais ayez confiance et croyez à l'Évangile :

Vous serez remis au haut de l'angle dans la reconstruction de l'édifice social.

Vous êtes en effet la pierre angulaire et sou-veraine; le pouvoir qui se heurtera à vous sera brisé, et les maîtres sur lesquels vous tomberez, au jour de la grande secousse, seront écrasés.

Les miracles ⸱ de Jésus-Christ s'exerçaient presque tous sur les infirmés du pauvre peuple.

C'est un paralytique couché sur un grabat qui n'a pas même le moyen de payer un homme pour le pousser dans la piscine.

⸱ On a beaucoup ri des miracles dans le dernier siècle : mais, outre qu'il est toujours imprudent de rejeter un témoignage écrit et admis depuis bientôt deux mille années, nous ferons remarquer qu'on n'a produit contre eux aucune objection sérieuse.

On n'y croit pas parce qu'on n'y croit pas : ce qui n'est pas une raison fort triomphante.

Tout en croyant à la possibilité du miracle, nous déclarons cependant ne pas attacher à ce mot le sens que lui donnent certains théologiens.

Le miracle ne peut pas être un renversement des lois naturelles. Dieu lui-même ne peut vouloir que l'immuabilité des rapports établis dans la création. Le miracle compris comme un nouvel ordre de choses introduit dans le réglement des êtres ou de leurs fonctions serait absurde, il supposerait en Dieu une double volonté et une double action : or Dieu est l'unité.

Qu'est-ce donc alors que le miracle?

Le miracle est l'exercice d'une loi secrète de la nature,

De cette façon que le miracle existe pour ceux qui en sont témoins, parce qu'ils ignorent cette loi; mais il ne saurait exister à Dieu, ordre et science universelle du monde.

Maintenant appelons la pratique de cette loi inconnue

Jésus passe par-là et le guérit.

C'est un aveugle-né qui demandait l'aumône au coin d'une rue, et qui se mit à crier ce jour-là : Fils de David, ayez pitié de moi !

Jésus lui frotte les yeux avec de la boue et le guérit.

Ce sont des lépreux repoussés hors des villes à cause de leur impureté et en dehors des droits communs à tous les hommes :

Jésus les rencontre et les guérit.

Le Christ marchait suivi d'une famille de malades, de boiteux, de sourds-muets, de fiévreux, d'hystériques, de contrefaits : c'était bien véritablement le consolateur et le médecin promis à l'humanité qui souffre.

Un centenier l'ayant fait prier de guérir un serviteur qu'il aimait, Jésus hésita.

Il fallut que le peuple intercédât pour lui et que le centenier lui-même s'humiliât, disant :

aux autres hommes magie, magnétisme, médecine   celle le nom n'y fait rien.

Toujours est-il que cette loi secrète et mystérieuse dont la nature dérobe l'usage au commun des esprits ne se révèle, Dieu aidant, *Deo volente*, qu'aux âmes privilégiées.

C'est un témoignage et un signe du concours que la Providence prête aux œuvres de ses enfants.

« Et moi aussi je suis un homme soumis à
« la puissance d'un autre. »

Alors Jésus eut pitié du serviteur et le guérit.

Au contraire Jésus, le même jour, alla vers
une ville nommée Naïm avec ses diciples,
suivi d'une grande multitude.

« Lorsqu'il fut près des portes de la ville
« il se rencontra que l'on portait en terre un
« mort.

« C'était le fils unique d'une veuve qui était
« accompagnée de beaucoup de personnes de
« la ville.

« Le Seigneur ayant vu cette femme en fut
« touché de compassion et lui dit : Ne pleu-
« rez plus ! »

« En même temps il s'approcha du cercueil
« et le toucha ; et ceux qui le portaient s'étant
« arrêtés, il dit au mort :

« Jeune homme, je vous commande de vous
« lever !

« Aussitôt le mort se leva sur son séant, et
« il commença à parler, et Jésus le donna à sa
« mère, »

Touchant motif qui porta le cœur de Jésus
au devant de cette mère et qui l'engagea au
miracle : elle était veuve et elle pleurait !

Il fallait au Libérateur des maux à guérir, des douleurs à consoler, des yeux pleins de larmes à essuyer.

« Ne pleurez plus, *noli flere !* »

Voilà le grand mot que Jésus, souffrant lui-même, est venu dire à l'humanité qui souffre.

Jésus faisait encore beaucoup d'autres miracles.

Dans les idées des Juifs la maladie était la dette du péché.

Jésus remet le péché et guérit la maladie.

Des gens présentèrent à Jésus un paralytique couché dans son lit.

« Jésus, voyant leur foi, dit au paralytique :
« Mon fils, prenez confiance, vos péchés vous
« sont pardonnés.

« En même temps quelques-uns des scribes
« dirent en eux-mêmes : Cet homme blasphème.

« Mais Jésus, voyant leur pensée : Pourquoi
« pensez-vous du mal dans vos cœurs?

« Lequel est le plus facile de dire : Vos pé-
« chés vous seront remis, ou de dire : Levez-
« vous et marchez?

« Or, afin que vous sachiez que le Fils de
« l'Homme a le pouvoir sur la terre de re-
« mettre les péchés : Levez-vous, dit-il au pa-
« ralytique, prenez votre grabat, et vous en al-
« lez dans votre maison. »

Remarquez bien que Jésus dit *le Fils de
l'Homme*, et non *le Fils de Dieu*.

Ainsi l'humanité a le droit, *sur la terre*, de remettre les fautes commises, de lever les sceaux
de réprobation, de purifier les impuretés de
la chair et de redresser tout ce qui est courbé :
voilà ce qu'entendait Jean quand il exhortait
les hommes de son temps à rendre droits les
chemins qui étaient déviés, *et in directa prava*.

Réjouissez-vous, pauvres membres paralysés du corps social !

Réjouissez-vous tous, vous qui avez péché
et que le monde a damnés pour ce fait dans
ses bagnes ou ses prisons !

Réjouissez-vous, femmes qui avez péché et
que le monde a jetées pour ce fait dans l'enfer
du mauvais lieu !

Réjouissez-vous, pauvres qui, par vos propres vices ou par la faute de vos ancêtres, êtes tombés dans la *géhenne* de la misère, où il y a des pleurs et des grincements de dents!

Encore une fois, au nom du Christ, réjouissez-vous!

Car, même sans en appeler à la miséricorde divine, l'humanité a pouvoir de remettre vos fautes, de lever de vos têtes l'anathème, de casser votre ban et de vous recevoir dans sa patrie.

Et celui qui dit ces paroles ne blasphème pas :

Par le Christ, mon maître, vous êtes pardonnés, vous êtes élus, vous êtes guéris!

Levez-vous donc, hommes engourdis et paralysés dans la misère!

Levez-vous, pauvres couchés sur vos grabats!

Levez-vous, pécheurs et pécheresses!

Levez-vous, proscrits et proscrites!

Levez-vous et marchez!

Quelques hommes intéressés à nous fermer la bouche vous diront peut-être que nous blasphémons et que nous faisons entendre les paroles du diable.

En ces jours-là, souvenez-vous, mes frères, qu'ils en ont dit autant à Jésus-Christ.

« Cet homme, disaient les chefs du peuple « en parlant de Jésus, est possédé du démon;

« Et ils ramassaient des pierres pour le lapider. »

Souvenez-vous encore, mes frères, des paroles du Christ, que « Le disciple n'est pas « plus grand que le maître, » et que, puisque le maître a souffert pour commencer la grande révolution du monde, il faut que nous qui marchons sur ses traces nous souffrions également.

Si l'on vous persécute, si l'on vous traîne dans les geôles et devant les prétoires, résistez, forts de votre foi en l'avenir de l'humanité;

Ne cherchez pas en ce moment-là ce que vous aurez à dire, car le noble esprit qui vous anime vous mettra à la bouche des paroles qui terrasseront vos juges;

Ne faiblissez pas, car la liberté n'est que pour celui qui aura persévéré jusqu'au bout;

Ne vous arrêtez pas au milieu, car celui-là seul jouira de la maison qui aura poussé sa construction jusqu'au toit;

Ne vous endormez pas, car l'heure est venue de veiller et d'attendre l'ennemi;

Ne craignez pas de perdre même votre vie, car Dieu vous la rendra, augmentée de toute la grandeur de votre dévouement.

Ne crains pas, petit troupeau livré chaque jour aux grosses mains du boucher et brutalement égorgé dans l'ombre,

Ne crains pas, car le Père t'a préparé un royaume!

Ne craignez pas, mes frères, ces hommes dont le pouvoir s'arrête à tuer le corps, et qui n'ont plus ensuite aucune autorité sur l'esprit.

C'est dans l'esprit qu'est la flamme de la liberté, et ils auront beau souffler, ils ne l'éteindront pas.

Vous voyez donc bien que vous n'avez aucun sujet de craindre.

Car, en vérité, j'espère bien que vous ne craignez pas de mourir.

Or le sang des martyrs populaires est la semence des révolutions.

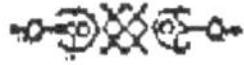

Si Jésus-Christ soulage toutes les infirmités humaines et guérit toutes les langueurs, c'est encore parce que les maladies étant les fruits amers de la pauvreté, il est venu sur la terre pour bannir les unes en détruisant l'autre.

Le jour où la misère aura disparu du monde les maladies diminueront.

L'Évangile nous rapporte plusieurs miracles de Jésus-Christ.

Ici c'est une femme cananéenne, maltraitée des Juifs, qui se traîne aux genoux du Seigneur pour avoir la guérison de sa fille et qui l'obtient ;

Là c'est une femme atteinte d'un flux de

sang qui touche seulement par derrière la frange de la robe de Jésus, et qui est guérie.

« Jésus allait par toute la Galilée, enseignant
« dans les synagogues et prêchant l'Évangile
« du royaume,

« Et il guérissait toutes les langueurs dont
« le peuple était afffligé. »

Le christianisme révolutionnaire répétera parmi les peuples les mêmes miracles.

Sa marche sera également une marche glorieuse et triomphante qui guérira sur son chemin les infirmités du peuple.

La pauvreté, cette mère de tous les maux, s'éloignera.

Ces quartiers infects qui semblent dans nos villes de sombres maladreries s'assainiront.

Les hôpitaux ne recevront plus en abondance les déplorables ruines de l'humanité, sans cesse abattue par la faim ou rongée par la misère.

Alors les peuples, délivrés, secoueront cette pâleur maladive et ces langueurs héréditaires qu'ils portent dans leurs membres souffrants.

Alors les grabatiers se leveront de leurs grabats.

Alors les pauvres filles traitées maintenant comme des chiennes, et qui ramassent à peine

les miettes tombées des tables honnêtes, crieront et seront écoutées,

Et leur enfant malade leur sera rendu.

Alors les lazares enfouis depuis plus de
quatre mille ans,

Toute cette tourbe d'hommes souterrains et
ténébreux qui puent, rongés de vermine,

Tous ces morts civils sur la tête desquels la
société a mis un linceul et scellé une pierre,

A ces paroles du Christ dites d'une voix forte:

« Lazares, sortez dehors! »

Se leveront,

Et ils sortiront de leur sépulcre ayant encore les pieds et les mains liés de bandes et
le visages enveloppé d'un suaire,

Et ils étendront les mains vers le ciel,

Et de par Jésus alors il leur sera dit ces
mots, que nous voudrions entendre proclamer
et sonner, dès ce moment, dans le monde par
la bouche de cuivre de la trompette :

« Déliez-les et les laissez aller, *solvite et sinite*
« *abire!* »

Et les peuples alors seront dans l'admiration,

Et parlant de ce christianisme humain et révolutionnaire qui aura guéri les malades, net-
toyé les lépreux, ressuscité les morts, délié
les mains des ensevelis et changé la face du

monde, ils diront de lui comme autrefois de
Jésus, qu'il a passé en faisant du bien, *transiit
benefaciendo*.

⚜

Le Sauveur nous déclare que non-seulement
les pauvres, les opprimés, les dénués sont ses
amis, mais qu'encore il réside et est présent
en eux;

De telle sorte que cette portion humiliée,
malade, esclave du genre humain est une moitié visible du corps de Jésus-Christ.

« J'ai eu faim, dit-il aux justes, et vous m'a-
« vez donné à manger; j'ai eu soif, et vous m'a-
« vez donné à boire; j'ai été étranger, et vous
« m'avez logé.

« J'ai été nu, et vous m'avez vêtu; j'ai été
« malade, et vous m'êtes venu voir; j'ai été pri-
« sonnier, et vous m'avez visité.

« Les justes répondront : Seigneur, quand
« est-ce que nous vous avons vu avoir faim

« et que nous vous avons donné à manger?
« avoir soif, et que nous vous avons donné à
« boire?

« Et quand nous vous avons vu étranger, et
« nous vous avons logé? ou nu, et nous vous
« avons vêtu?

« Ou quand nous vous avons vu malade ou
« prisonnier, et nous vous avons visité?

« Le Roi leur répondra : Je vous dis, en vé-
« rité, que toutes les fois que vous avez fait
« ces choses envers les moindres de mes frères,
« c'est envers moi que vous les avez faites.

« Alors il dira aux autres :

« J'ai eu faim, et vous ne m'avez pas donné
« à manger; j'ai eu soif, et vous ne m'avez pas
« donné à boire;

« J'ai été étranger, et vous ne m'avez pas
« logé; j'ai été nu, et vous ne m'avez pas vêtu;
« j'ai été malade et prisonnier, et vous ne m'a-
« vez pas visité.

« Alors ils lui diront aussi : Seigneur, quand
» est-ce que, vous voyant avoir faim ou soif, ou
« être étranger, malade, ou prisonnier, nous
« ne vous avons pas secouru?

« Et il leur répondra : Je vous dis, en vérité,
« qu'autant de fois que vous avez manqué de
« rendre ces devoirs à l'un de ces petits vous

« avez manqué de me les rendre à moi-même. »

Jésus parle ici au nom de la grande humanité souveraine dont il est l'image et l'incarnation : c'est pour cela qu'il se nomme roi.

Il établit ce fait, que la justice consiste dans le dévouement de l'homme à l'homme, du frère au frère ;

Il nous enseigne, par cette même voie, que l'humanité ou le Christ, qui en est le représentant, réside aussi bien tout entière dans les membres petits ou souffrants que dans ses membres glorieux,

Et que, par conséquent, manquer à ces petits et à ces souffrants, en les laissant en langueur, c'est manquer à l'humanité.

Coupables donc vous êtes, ô gouvernements qui voyez le pauvre avoir faim et soif, l'étranger manquer de gîte, le malheureux grelotter l'hiver sans vêtement et qui ne venez pas à son secours !

Coupables vous êtes envers eux d'abord, envers l'humanité ensuite, coupables enfin envers Dieu !

Il y a des gens qui se disent chrétiens parce qu'ils jeûnent comme les disciples de Jean.

Il y a des gens qui se disent chrétiens parce qu'ils font de longues prières, comme les Juifs, car « ils s'imaginent qu'à force de paroles ils « seront exaucés. »

Il y a des gens qui se disent chrétiens parce qu'ils observent toutes sortes de pratiques religieuses, comme faisaient les scribes et les princes des prêtres.

Il y a des gens qui se disent chrétiens parce qu'ils passent leur temps dans le temple comme autrefois les pharisiens et les docteurs de la loi;

Mais, en vérité, je vous le dis, ces gens-là mentent par Satan,

Car ils honorent les grands et méprisent les petits,

Or Jésus, leur maître, est venu au contraire relever les petits et humilier les grands,

Car ils font des distinctions entre les hommes.

Or Jésus, leur maître, ne faisait point acception des personnes.

Car ils se piquent de noblesse et ne marchent de pair qu'avec leurs semblables.

Or Jésus, leur maître, attaquait sans cesse la noblesse dans la personne des pharisiens et hantait les hommes du peuple.

Vous voyez donc bien qu'ils ne sont point chrétiens.

Ces gens-là sont durs aux faiblesses de la classe pauvre; ils condamnent chez elle avec amertume l'ivrognerie, la crapule;

Et Jésus, leur maître, a voulu, en fréquentant les hommes du peuple, passer pour ivrogne et pour crapuleux, *vorax et potator vini.*

Ces gens-là sont durs aux malfaiteurs et aux prostituées;

Et Jésus, leur maître, aimait de prédilection les pécheurs et les pécheresses.

Ces gens-là sont durs aux misères du peuple;

Et Jésus, voyant que les multitudes qui le suivaient n'avaient point de pain, fit un miracle pour le leur en donner.

Vous voyez donc bien qu'ils ne sont point chrétiens.

Ils passent leur vie à des repas fort longs, dans l'oisiveté, dans le luxe et dans la mollesse.

Et Jésus, leur maître, avait à peine le temps de manger à l'écart un pain grossier : « Venez, « lui disaient ses disciples, prendre un peu de « repos en quelque lieu retiré : car il y avait, « ajoute l'Évangile, un si grand nombre de « personnes qui venaient successivement vers « lui qu'il n'avait pas seulement le temps de « prendre ses repas. »

Ils rougissent des membres de leur famille qui travaillent et qui ont un état;

Et Jésus, leur maître, était fils d'un ouvrier.

« Plusieurs de ceux qui l'entendaient, s'é- « tonnant de sa doctrine, disaient : Où a-t-il « appris toutes ces choses? quelle est cette sa- « gesse qui lui a été donnée, et d'où viennent « ces grandes merveilles qui se font par ses « mains?

« N'est-il pas charpentier, fils de Marie, « frère de Jacques, de Joseph, de Jude, de Si- « mon, et ses sœurs, pauvres filles, ne sont- « elles pas parmi nous? »

Ils insultent leurs frères pauvres, qu'ils af- fectent de confondre sous le nom de *canaille*;

Et Jésus, leur maître, nous déclare que quiconque dira à son frère *raca* sera condamné.

Vous voyez donc bien que ces gens-là ne sont pas chrétiens.

Laissez-les prier leurs longues prières et jeuner leurs jeûnes :

Il ne leur en arrivera pas mieux pour cela;

« Car ce n'est pas celui qui dit Seigneur! « Seigneur! qui entrera dans le royaume de « Dieu, mais celui qui fait la volonté du Père « qui est aux cieux. »

Or la volonté de Dieu est que les grandes destinées humaines s'accomplissent.

Et ces gens-là y mettent obstacle en voulant résister aux révolutions et aux événements qui doivent amener sur la terre le développement de ces destinées.

Ils sont de ceux qui voudraient arrêter le mouvement du monde par un miracle, et qui demandent à Dieu, pour le tenter, comme autrefois les Saducéens, un signe dans le soleil ou dans la lune, c'est-à-dire dans les astres souverains de la société;

Mais il leur sera répondu :

Vous savez discerner les apparences de l'air, et vous ne savez pas connaître les marques des temps;

Cette race méchante et adultère cherche un miracle, et il ne lui en sera pas donné :

Mais comme Jonas resta trois jours et trois nuits dans le ventre d'une baleine, le peuple, fils de Dieu, après trois jours et trois nuits d'épreuve, de lutte, de guerre civile sortira glorieux des entrailles de la terre.

Un des fruits de la venue du Christ sur la terre c'est la liberté.

Jésus en fait un devoir à ses disciples : « Soyez libres, *liberi estote!* »

Il est venu apporter dans le monde l'affranchissement :

« Si donc le fils vous met en liberté vous « serez véritablement libres. »

Ce ne sera plus en effet cette indépendance artificielle dont se glorifiaient les Juifs et dont nous nous piquons encore à cette heure, liberté dérisoire qui consiste dans des mots et ne se montre qu'à la surface, tandis que, au fond, elle cache le plus réel et le plus humiliant de tous les esclavages ;

Ce sera la liberté dans sa notion la plus étendue, la liberté *du Fils*, c'est-à-dire la liberté de frères qui, ne reconnaissant qu'un père qui est Dieu, et ne se devant rien les uns aux autres, ne sont tenus entre eux à aucune subordination.

D'où naîtra maintenant cette liberté? de qui sera-t-elle fille?

Jésus-Christ nous répond : De la science.

Connaître c'est être libre.

« Et vous connaîtrez la vérité, ajoute le « grand Docteur, et la vérité vous délivrera. »

L'ignorance, au contraire, est la mère de l'esclavage.

« Quiconque commet le péché (et le péché « c'est l'ignorance) devient, dit Jésus, l'esclave du péché. »

C'est en effet le premier moyen dont se servent les gouvernements pour maintenir l'esclavage que d'éteindre la lumière ou du moins de l'accaparer à leur profit.

Jésus, s'adressant aux chefs de la nation, leur dit :

« Malheur à vous, docteurs de la loi qui avez
« pris la clé de la science, vous qui n'êtes
« point entrés dans la maison de Dieu, et vous
« n'en avez pas permis l'entrée à ceux qui vou-
« laient y pénétrer! »

Ce qui revient à dire chez nous :

— Malheur à vous, docteurs ignorants et
vains, à vous qui tenez les chaires dans nos
écoles ; malheur à vous tous qui avez pris la
clé de la science! Vous n'êtes point entré dans
la vérité, et vous en avez interdit la porte
aux esprits courageux qui voulaient y pénétrer.

De tout temps ça été la tactique des ministres de la pensée qui voulaient retenir le peuple en servitude que de lui fermer les voies
de la science en prenant dans leurs mains le
monopole de l'instruction.

La première des libertés, celle que Jésus-
Christ est venu réclamer à haute voix, est la
liberté de la parole et de l'enseignement;

C'est pour cette liberté-là qu'il est mort.

Cette liberté signée du sang d'un Dieu implique dans nos mœurs la liberté de la presse,
qui n'est que la parole écrite.

Jésus, au reste, nous annonce que cette dif-
fusion de la lumière par la parole et l'écriture

aura lieu en dépit du boisseau dont on veut la couvrir.

« Il n'y a rien de secret qui ne doive un jour « être révélé. »

Et comme il prévoit que la censure viendra pour fermer la bouche de ses disciples révolutionnaires, il ajoute :

« Ce que je vous dis ici dans l'ombre et tout « bas, prêchez-le sur les toits. »

Ne craignez donc plus, frères, de parler haut ; montez sur les toits des maisons et prêchez la liberté.

Si l'on vous arrête vous direz que c'est le grand tribun qui vous a ordonné de le faire ;

Et si l'on vous demande quel est ce tribun,

Vous répondrez que c'est Jésus de Nazareth, le charpentier,

Celui que le monde a nommé parole de Dieu, *verbum Dei !*

Or Jésus proposa à ses disciples cette parabole :

« Un homme descendant de Jérusalem à
« Jéricho tomba entre les mains des voleurs,
« qui le dépouillèrent, et, après l'avoir fort
« blessé, s'en allèrent, le laissant à demi-
« mort.

« Il arriva qu'un prêtre descendit par le
« même chemin; mais, ayant aperçu cet
« homme, il passa outre,

« Un lévite qui vint là aussi, l'ayant re-
« gardé, passa de même.

« Mais un Samaritain, faisant route, vint à
« passer près de lui, et, le voyant en cet état,
« il fut ému de compassion;

« Et, s'approchant de cet homme, il banda
« ses plaies après y avoir versé de l'huile et
« du vin, et, l'ayant posé sur son cheval, il le
« mena dans une hôtellerie où il prit soin
« de lui.

« Et le lendemain il tira deux deniers, qu'il
« donna à l'hôtesse, et lui dit : Ayez bien soin
« de cet homme, et tout ce que vous dépense-
« rez en sus je vous le remettrai à mon re-
« tour. »

Or cette parabole s'adressait surtout à un

docteur de la loi qui avait fait cette question à Jésus : Qui est le prochain ?

Jésus se tourna donc vers lui :

« Lequel des trois vous semble avoir été le
« prochain de celui qui tomba entre les mains
« des voleurs ?

« Le docteur lui répondit : Celui qui a
« exercé la miséricorde envers lui...

« Allez donc, lui dit Jésus, et faites de
« même. »

Vous n'êtes pas les vrais disciples du Christ, vous qui, voyant à terre le pauvre peuple blessé, le regardez et passez outre ;

Vous êtes les frères égoïstes du prêtre et du lévite.

Chrétiens sont ceux au contraire qui, rencontrant sur leur chemin le pauvre peuple abattu, le relèvent ;

Ceux qui visitent ses membres blessés dans la bataille par les larrons et les brigands ;

Ceux qui versent l'huile et le vin sur les plaies que la misère, les rencontres à main armée et les coups de feu lui ont faites ;

Ceux qui le chargent sur leurs épaules ou sur le dos de leur monture et qui le transportent à l'hôtellerie de la route pour qu'on en ait soin,

En attendant la grande hôtellerie où seront hébergés tous les hommes.

Honneur et bon courage à ceux-là !

S'ils ont faim maintenant, qu'ils attendent et qu'ils se réjouissent, car « ils mangeront « le pain dans le royaume de Dieu. »

S'ils sont riches, qu'ils espèrent et qu'ils se réjouissent encore ; car, en considération de leur charité, on leur pardonnera leur richesse.

« Donnez votre bien aux pauvres, disait « Jésus au pharisien, et alors tout sera pur « pour vous. »

Réjouissez-vous tous, vous qui faites du bien au peuple !

Car l'homme n'existe réellement que par son affirmation et son concours à l'humanité.

Autrement, quel est-il ? « Un roseau agité « par le vent. »

Faites le bien avec désintéressement et sans arrière-pensée au pauvre peuple qui combat pour l'avenir.

« Lorsque vous voulez donner à diner ou à « souper, gardez-vous bien d'inviter vos amis, « ni vos frères, ni vos cousins, ni ceux de « vos voisins qui sont riches, de peur qu'ils « ne vous convient à leur tour et qu'il ne

« vous soit rendu ce que vous avez avancé.

« Mais, lorsque vous faites un repas, appelez-
« y les pauvres, les débiles, les boiteux, les
« aveugles,

« Et vous serez bien heureux alors, car il
« vous sera rendu lors de la réhabilitation des
« justes. »

Donnez donc, car donner aux pauvres c'est
prêter à l'humanité.

Et comme les intérêts auront été longtemps
en souffrance et en jachère, il vous sera
rendu au centuple le jour du grand paiement.

Conviez ceux qui ont faim à votre table;

Et comme ils ne peuvent vous réinviter
sur-le-champ, il vous sera donné de retour et
mille fois plus au jour du grand banquet,

Et vous serez bien heureux, *beati eritis!*

Malheur au contraire à vous qui ne voulez
voir à vos tables que des riches et des puissants ; car Jésus, votre maître, vous a ordonné
d'y recevoir des pauvres, des faibles, des infirmes, des estropiés!

Malheur à vous qui méprisez le Samaritain
et qui passez, le cœur sec, devant le blessé ;
car le blessé devant lequel vous passez maintenant sera guéri un jour, et il se relèvera et
il fera alors la loi au monde.

« Réformez-vous et croyez à l'Évangile, allait répétant Jésus, ou sinon vous périrez
« tous ! »

C'est aussi, frères, ce que nous venons
vous dire.

Réforme ! ou sinon c'en est fait de votre
société.

Réforme ! ou sinon l'arbre de vos institutions, ne donnant que de mauvais fruits, sera
coupé et jeté au feu, et il brûlera.

Réforme ! ou sinon l'État tombera à terre
comme un cadavre, et les aigles se rassemble-
ront à l'entour pour le dévorer.

Réforme ! ou sinon votre gouvernement s'é-
croulera comme la tour de Siloé, et vous de-
meurerez ensevelis sous ses ruines.

Réforme ! réforme ! ou sinon vous périrez
avec vos lois et votre constitution.

Voulez-vous en effet juger de la valeur d'un

gouvernement? vous le reconnaîtrez à ses fruits.

On ne cueille pas de raisin sur des ronces, ni des chardons sur de la vigne.

Or le vôtre ne donne que des fruits de mort;

Le vôtre ne donne que la misère, l'égoïsme, la faim, la maladie, l'esclavage, l'exploitation du faible par le fort, la tyrannie du maître sur l'ouvrier, du riche sur le pauvre.

C'est une ronce qui produit ses piquants et ses épines.

Hâtez-vous de le greffer et de l'amender, si vous voulez qu'il dure encore quelque temps; car autrement, je vous dis en vérité, qu'il sera arraché bientôt et jeté au feu.

Réforme donc, encore une fois réforme!

Réforme électorale d'abord, et ensuite réforme de toutes vos institutions qui sont vicieuses !

Unissez-vous pour cela, frères, unissez-vous!

Car, comme de toutes les bouches des petits enfants réunis sortait sur le passage du Christ une grande voix qui lui rendait témoignage,

Ainsi de toutes vos signatures réunies sortira une parole forte et éloquente qui témoignera de votre souveraineté;

Allez donc vous faire inscrire, les plus petits comme les plus grands ;

Allez, car c'est de la bouche de ceux qui têtent encore à la mamelle de la société que sortira le grand mot par lequel s'accompliront les destinées du monde, *ex ore infantium et lactantium perfecisti laudem.*

Le nom du petit enfant nouveau-né mis par hasard à Bethléem sur le registre du dénombrement de l'empire romain a détruit dans le monde ancien la puissance de César.

Non-seulement Jésus demandait une réforme, mais il prêchait encore « le baptême « de réforme, *baptismum pœnitentiæ.* »

Ce baptême commencé par Jean et continué par Jésus-Christ tendait à effacer la première naissance ;

C'était un baptême d'eau ; parce qu'il lavait ces taches originelles attachées par le vieux monde à la venue de certains enfants, comme ceux par exemple des pauvres, des publicains, des prostituées, des condamnés à mort;

C'était un baptême d'esprit, parce qu'il engendrait, par l'intelligence, à la société libre et humaine, où la distinction du rang et du nom serait abolie.

Ce baptême était une régénération : « Il « faut renaître, disait Jésus-Christ au docteur, « *oportet quidem renasci.* »

C'est ce baptême de réformee social que que nous venons prêcher aux citoyens de notre temps.

Nous leur disons, comme Christ : Renaissez!

Car votre première naissance a été vicieuse; elle est fondée sur la noblesse du nom, sur la fortune, sur la distinction et sur le privilége, c'est-à-dire sur autant de bases fausses et injustes.

« Faut-il donc, nous dira le bourgeois « avec Nicodème, que nous rentrions à qua- « rante ans dans le sein de notre mère pour en « sortir de nouveau? »

Non, mais il faut que, touchés par le souffle de l'esprit qui agite aujourd'hui toutes les têtes,

Par ce souffle de la presse et de la parole qui parcourt toute la nation,

Vous renaissiez à une nouvelle vie sociale.

Ce qui est né du vieux monde, c'est-à-dire de l'exploitation, de la propriété immobilisée, de l'aristocratie de famille, est chair et mourra comme chair.

Ce qui naîtra de l'esprit, c'est-à-dire des convictions, de la justice et de la liberté, est esprit et vivra.

Renaissez donc, frères, car c'est Christ lui-même qui vous le dit :

« En vérité, celui qui ne naît pas de l'eau « et de l'esprit ne peut entrer dans le royaume « de Dieu. »

Jésus étant entré dans le temple au point du jour, les scribes et les pharisiens amenèrent une femme qui avait été surprise en adultère.

« Et l'ayant fait tenir debout au milieu de « l'assemblée, ils dirent à Jésus :

« Maître, cette femme vient d'être surprise « en adultère.

« Or, dans la loi, Moïse n ous a ordonné de « lapider ces sortes de femmes. Pour vous, « qu'en dites-vous?

« Ils disaient cela le tentant, afin de pou- « voir l'accuser. Mais Jésus, se retournant et « se baissant, se mit à écrire avec son doigt « sur la terre.

« Comme néanmoins ils persévéraient à l'in- « terroger, il se dressa et leur dit : Que celui « de vous qui est sans péché lui jette le pre- « mier la pierre.

« Et se baissant de nouveau il écrivait sur la « terre.

« Cependant, ayant entendu ces paroles, ils « se retiraient l'un après l'autre, à commen- « cer par les vieillards, et Jésus resta seul avec « la femme qui était au milieu, debout.

« Alors Jésus, se redressant, lui dit : Femme, « où sont ceux qui vous accusaient? Aucun « d'eux ne vous a-t-il condamnée?

« Celle-ci lui dit : Personne, Seigneur,

« Or Jésus lui dit : Ni moi je ne vous con-
« damnerai pas non plus. Allez, et désormais
« ne péchez pas de nouveau. »

Jésus ici met tout à coup en doute la com-
pétence des tribunaux de la terre.

De quel droit des hommes pécheurs et souvent criminels comme l'accusé prétendent-ils
envoyer un homme à la mort?

Accusateurs publics, échafauds blanchis,

Êtes-vous chrétiens, vous qui, voyant la
pierre hésiter dans la main des autres hommes, leur criez de toutes vos forces : Jette et
tue !

Non, vous ne l'êtes pas; vous êtes les anté-
christs du vieux monde, les pharisiens et
les scribes de l'ancienne loi qui va finir.

Magistrats tachés de robes noires,

Vous êtes pleins de péchés, de rapines et
d'adultères, et vous osez, hommes de chair et
de boue, appliquer un droit terrible dont le
juste même devrait s'interdire l'exercice !

Prenez garde et tremblez, car l'épée de la
justice toute sanglante entre vos mains va
être brisée !

Vous allez avoir à rendre compte du sang
versé sur la terre depuis Abel !

Vous allez avoir à rendre compte du sang

de tous les prophètes du peuple que vous avez fait condamner !

Vous allez avoir à rendre compte du sang de tous les grands réformateurs de l'humanité, depuis Zacharie, tué entre le temple et l'autel !

« Je vous dis, en vérité, que toutes ces choses « retomberont sur vos têtes ! »

Vous avez mieux aimé le sacrifice de chair humaine que la miséricorde et le pardon,

Et Jésus vous dira alors :

« Si vous aviez bien entendu ce que signifie « cette parole : J'aime mieux la miséricorde « que le sacrifice, vous n'auriez jamais con- « damné des innocents, *nunquam condemnas-* « *setis innocentes.* »

Jésus avait pour la femme un peu de cette douceur et de cette compassion qu'il portait aux petits enfants.

Cette créature faible que le vieux monde tenait sous sa tutelle et son oppression attirait les regards miséricordieux du Christ comme le lis fragile sur la tige, comme le passereau dans son vol.

« Étant obligé de passer par la Samarie,

« Jésus vint dans une ville de Samarie « nommée Sichar, auprès du champ que Jacob « donna à son fils Joseph;

« Il y avait là un puits. Jésus donc, fatigué « du chemin, se tenait assis sur le bord du « puits. Il était comme la sixième heure.

« Vint une femme de Samarie puiser de « l'eau. Jésus lui dit : Donnez-moi à boire.

« Ses disciples étaient allés à la ville pour « acheter des vivres.

« Cette femme samaritaine lui dit donc : « Comment, lorsque vous êtes Juif, me de « mandez-vous à boire, à moi, qui suis Sama « ritaine, car les Juifs n'ont point de com « merce avec les Samaritains[1];

____

[1] Les Samaritains étaient, relativement aux Juifs, comme les hérétiques au moyen âge vis-à-vis des catholiques; on

« Jésus lui répondit : Si vous connaissiez
« le don de Dieu et quel est celui qui vous
« dit : Donnez-moi à boire ! vous lui en au-
« riez sans doute demandé, et il vous au-
« rait donné de l'eau vive.

« La femme lui dit : Est-ce que vous êtes
« plus grand que notre père Jacob, qui nous
« a donné ce puits et qui en a même bu, lui
« et ses fils et ses troupeaux?

« Jésus lui répondit : Tout homme qui boit
« de cette eau aura soif de nouveau; mais
« celui qui aura bu de l'eau que je lui don-
« nerai n'aura plus jamais soif.

« Mais l'eau que je lui donnerai deviendra
« en lui une fontaine d'eau jaillissante dans
« la vie éternelle.

« La femme lui dit : Maître, donnez-moi
« de cette eau, afin que je n'aie plus soif et
« que je n'en vienne plus ici puiser.

« Jésus lui dit : Allez, appelez votre mari
« et venez ici.

« La femme lui répondit ; Je n'ai pas de
« mari.

« Alors Jésus : Vous avez dit vrai en disant
« que vous n'avez point de mari,

les traitait en chiens et en impurs, et les Juifs ne voulaient
avoir aucune communication avec eux.

« Car vous avez eu cinq hommes, et celui
« que vous avez maintenant n'est point votre
« mari : vous avez dit vrai en cela.

« La femme lui dit : Seigneur, je vois que
« vous êtes un prophète. »

Et la femme laissa sa cruche au bord du
puits, et s'en alla dans la ville, disant :
Voici un homme qui m'a dit tout ce que j'ai
fait : ne serait-ce pas le Christ ?

Quel touchant tableau l'Évangile nous met
ici sous les yeux !

Jésus causant familièrement sur le bord
d'un puits avec une femme, et encore avec
une femme samaritaine qui en était à son
sixième amant !

De telle sorte que les disciples, à leur retour, en furent étonnés.

Allez donc au Christ, pauvres samaritaines
des temps modernes,

Femmes parias,

Pécheresse qui avez des amants,

Vous toutes femmes que le monde opprime
et brise,

Allez au Christ, et il vous relèvera,

Et il vous purifiera en vous donnant cette
eau de l'amour qui fait qu'on n'a plus soif,

Cette eau qui jaillit du cœur comme une fontaine et une source vive.

Allez au Christ, femmes !

Car lui seul a apporté l'amour sur la terre.

Avant lui les hommes et les femmes ne se recherchaient que par convoitise et pour satisfaire les grossiers appétits des sens.

Or, comme la femme était la plus faible dans ce commerce brutal et charnel, la femme était esclave.

Christ, au contraire, est venu apporter l'amour aux hommes, l'amour chaste et immaculé, l'amour de l'âme par lequel, ô femmes, vous devenez plus fortes que nous !

Voilà dans quel sens il disait à la femme samaritaine :

« Si vous connaissiez le don de Dieu et si
« vous saviez quel est celui qui vous parle, vous
« lui auriez demandé vous-même à boire. »

C'est par cette eau vive de l'amour que vous vous rafraichirez, pauvres cœurs desséchés au commerce banal des hommes !

Allez et buvez.

C'est par l'amour que vous vous affranchirez, pauvres femmes esclaves !

Allez donc et aimez.

Les femmes qui suivaient Jésus, attirées par

sa doctrine et par la liberté qu'il leur promettait, étaient de pauvres femmes comme vous,
malades de cœur, affligées de langueurs diverses, esclaves de l'homme;

C'était Marie, surnommée Madeleine, « de
« laquelle sept démons étaient sortis, » c'est-
à-dire sept mauvais amours;

« C'étaient Jeanne de Chusa, femme du pro-
« cureur d'Hérode, Suzanne et beaucoup d'au-
« tres qui assistaient Jésus de leurs soins. »

Et Christ les guérissait et il les délivrait.

Qui ose nier maintenant que l'Évangile s'a-
dresse aux pauvres, aux esclaves, aux opprimés, aux faibles, à la femme et à l'enfant, au
samaritain et au paria?

Venez donc, vous tous qui avez le dos courbé
sous le grand labeur humain;

Venez, femmes ployées sous le poids de l'homme;

Venez, penseurs laborieux, portefaix chargés du fardeau des âmes;

Venez, vous qui suez à porter le bagage de l'humanité sur vos épaules;

Venez, hommes du peuple qui avez le dos voûté sous les lourds ballots des riches.

« Venez à moi, vous a dit le Christ en vous « tendant les mains, vous tous qui travaillez « et qui êtes chargés, et je vous soulagerai! »

C'est lui, je vous le dis en vérité, qui est le libérateur et le révolutionnaire,

C'est lui qui est la porte de la société nouvelle,

C'est par lui qu'il faut y entrer.

« Je suis la porte des brebis, nous dit-il lui-« même. Tous ceux qui sont venus sont des « larrons et des voleurs, et les brebis ne les ont « pas entendus.

« Je suis la porte : celui qui entrera par moi « sera libre; il entrera et sortira, et trouvera « des pâturages.

« Le larron ne vient que pour dérober, pour « égorger et pour perdre les brebis; mais moi « je suis venu afin qu'elles aient la vie, et « qu'elles l'aient avec plus d'abondance. »

Délivrez-vous donc, frères, des larrons et des voleurs publics qui vous dévorent ; délivrez-vous-en et entrez à travers le Christ, entrez par la violence et la force, *vim patitur*

Dans cette vie d'abondance, de développement et de liberté que Christ, le grand tribun, annonçait aux hommes de son temps,

Dans cette vie que, par sa mort et par la mort des siens, il a conquise aux hommes de l'avenir,

Entrez, et si la porte est étroite, et difficile, et bien gardée, forcez-la !

Jésus était bien, comme on l'a dit, doux et humble de cœur.

Mais envers qui s'exerçait cette mansuétude ?

Était-ce envers les grands et les chefs de la nation ?

Loin de là, puisqu'il les traitait chaque jour
avec colère de dévorateurs de veuves, *qui de-
vorant domos viduarum.*

Était-ce envers les pharisiens et les princes
des prêtres, qui composaient l'aristocratie
juive ?

Non, en vérité, car il les accusait rudement
d'être des guides aveugles « qui passent le
« moucheron et avalent le chameau; »

Des coupes pleines d'ordures en dedans,
« des cœurs pleins de rapines; »

Des serpents qui sucent le sang du peuple,
et qui « méritent d'être condamnés au feu; »

Des sépulcres sur lesquels on marche, parce
qu'au dehors ils sont blanchis ou couverts
d'herbe; mais, au fond, ce n'est que pourriture
et ossements.

Était-ce encore envers les marchands qui
composaient la bourgeoisie juive ?

Non, certes, car « la Pâques des Juifs étant
proche et Jésus étant allé à Jérusalem, »

Nous verrons qu'il y chassa tous les vendeurs avec une corde.

Ainsi, pour les grands, pour les puissants,
pour les riches, pour les marchands chargés
d'or, Jésus n'a que colère, menaces, indignation, coups de fouet,

Envers qui donc, encore une fois, s'exerçait cette mansuétude et cette tolérance que nous attribuons à la douce figure du Christ?

C'était envers les pauvres, les faibles, les pécheurs, les veuves, les enfants, les oiseaux du ciel et les lis des champs.

Il était plein de miséricorde et de pardon : il ne brisait pas le roseau cassé, il n'éteignait pas la lampe qui fume encore.

Quand les disciples repoussaient d'autour de lui les petits enfants Jésus les reprenait :

« Laissez venir à moi, disait-il, ces petits
« enfants. »

Et il les attirait doucement sur ses genoux et il les caressait en disant :

« C'est pour ceux-là qu'est le royaume de
« Dieu. »

L'enfant ne comptait pas dans la société ancienne, où toute puissance avait été donnée à la force.

Dans l'enfant Jésus comprend les faibles, les simples, les humiliés, en un mot toute cette portion de l'humanité tenue en tutelle et en enfance; c'est à celle-là surtout que s'adresse le royaume du Christ ou la société nouvelle;

C'est à cette blonde et fragile nature personnifiée dans les petits enfants que l'humanité régénérée dira un jour : Venez à moi, car c'est pour vous le royaume, petits enfants de Dieu !

Un autre jour, Jésus étant assis dans le temple, près du tronc, regardait la foule y jeter de l'argent. Or il y avait beaucoup de riches qui en jetaient lorsqu'il vint aussi une pauvre veuve qui y mit deux petites pièces de la valeur d'un liard.

Et Jésus, assemblant ses disciples, leur dit :

« Je vous déclare, en vérité, que cette pau-
« vre veuve a mis plus que tous les autres dans
« le tronc,

« Parce que les autres n'ont donné que de
« leur abondance ; mais celle-ci a donné de sa
« pauvreté tout ce qu'elle avait et tout ce qui
« lui restait pour vivre. »

Ou bien encore Jésus parlant, sur la montagne, au peuple, lui montrait les lis des champs que le Père céleste se donne la peine de vêtir, et qui sont plus beaux dans leur fleur que Salomon dans toute sa gloire ;

Il leur montrait les corbeaux qui n'ont ni granges ni celliers, et que le Père céleste prend soin de nourrir ;

Il leur montrait les passereaux qui volent

dans le ciel, que les enfants vendent pour un sou, et dont pas un ne meurt avant le temps;

Il leur montrait les cheveux de leur tête dont pas un ne tombe sans la volonté de la Providence;

En révélant ainsi au peuple la présence de Dieu sur les plus petits êtres et les plus petites choses, il leur enseignait le respect qu'on leur doit.

Nous vous dirons de même, mes frères :

Ne méprisez pas les petits, parce qu'ils sont en train de grandir et de se fortifier pour le nouveau royaume.

Ne méprisez pas l'herbe des champs, les oiseaux du ciel, ni les grains de sable de la mer, car le même esprit qui vit dans tout cela vous anime;

Ne méprisez ni les cheveux de votre tête, ni les vêtements de votre corps, quand même ce serait des haillons, ni la nourriture que vous prenez, quand même ce serait un pain bis et amer :

Tout ce qui s'approche du plus petit d'entre vous est grand ;

Car il a été écrit : Vous êtes tous des dieux, *Dii estis!*

On a singulièrement abusé d'un petit verset
de l'Évangile pour retenir les peuples sous une
obéissance passive et muette ;

Ce verset si odieusement interprêté :

« Rendez à César ce que vous devez à César,
« et à Dieu ce vous devez à Dieu. »

Se tourne précisément en faveur des peuples et contre les rois, quand on se place au
vrai point de vue de l'Évangile.

Voici d'abord dans quelles circonstances ce
mot a été dit :

Les princes des prêtres, les docteurs et les
scribes cherchaient depuis longtemps à prendre Jésus en défaut ; ils lui adressaient donc
chaque jour mille demandes captieuses, espérant qu'une fois au moins celui-ci tomberait
dans le piége.

La sagesse de Jésus consistait à éluder ces

questions, ou à y répondre de telle sorte qu'il mit ses ennemis eux-mêmes dans l'embarras.

C'est ainsi qu'il les avait réduits plusieurs fois au silence.

Une fois entre autres que les grands du peuple le chicanaient sur sa mission, en lui demandant de qui il tenait cette puissance d'instruire et de réformer,

Jésus riposta à leur malice par cette autre question insidieuse qui leur ferma la bouche :

« De qui était le baptême de Jean ? de Dieu « ou des hommes ?»

Et ils n'osèrent pas répondre, remarque l'Évangile, parce que le peuple tenait Jean pour un prophète.

« Ni moi je ne vous dirai pas, reprit alors « Jésus profitant de leur silence, par quelle au- « torité je fais ces choses. »

Dans plusieurs de ses réponses aux questions qui lui étaient faites par les grands de la nation juive Jésus ne [cherchait [donc souvent qu'à déjouer un complot ou à tourner une embûche.

Ce n'est pas dans ces sortes de tours d'adresse qu'il faut chercher le véritable esprit de l'Évangile et les hauts enseignements du Christ.

Ici le piège tendu par les scribes et les princes des prêtres était même facile à découvrir.

Ils vinrent à Jésus et lui dirent :

« Maître, est-il permis ou non de payer le « tribut à César? »

S'il avait dit non les princes des Juifs auraient saisi cette occasion pour le livrer aux Romains comme un séditieux et un ennemi de César.

« Or Jésus, considérant leur malice, leur « dit : Pourquoi me tentez-vous?

« Montrez-moi le denier. De qui en est l'i-« mage et l'inscription? Ils répondirent de Cé-« sar.

« Alors il leur dit : Rendez donc à César ce « qui est à César, et à Dieu ce qui est à « Dieu. »

Il est clair, d'après les paroles même de l'É-vangile, que Jésus cherchait seulement, dans sa réponse, à éluder la *malice* des Juifs et à échapper aux tentatives faites pour le perdre.

Nous ferons remarquer, en outre, que l'autorité de l'empereur romain, loin d'être un fardeau pour les peuples conquis, était souvent, vis-à-vis d'eux, un bouclier contre les exactions et les violences de leurs chefs, à peu près comme la royauté, au moyen âge, servait de remparts dans les provinces aux entreprises des grands contre leurs vassaux.

Mais, à prendre même la réponse de Jésus-Christ en elle-même, nous n'y trouverons rien qui démente les principes de démocratie et de souveraineté du peuple dont toute la vie du Christ fut une affirmation constante.

« Rendez à César ce qui est à César et à Dieu « ce qui est à Dieu. »

Par cette simple parole Jésus - Christ élève au-dessus de la royauté tout un ordre de démocratie et de puissance divine qui l'anéantit presque entièrement.

Aussi les devoirs envers cette souveraineté de la terre se bornent-ils, dans la pensée du Christ, à lui payer le tribut.

Payez donc l'impôt, ô peuples, puisque vous y êtes contraints;

Payez leurs gages aux rois, puisque c'est de l'or qu'il faut à ces avares;

Payez-les, puisque leur joie est d'enterrer des trésors que la rouille ronge et d'amasser dans leurs granges des grains que les vers dévorent.

Mais vous, frères, amassez dans le ciel de votre âme des trésors de science et d'amour que les vers ni la rouille ne gâtent point; .

Mais vous, frères, si vous donnez l'or, gardez le fer pour en forger une épée au jour du grand combat ;

Mais vous, frères, si vous subissez l'obligation de payer l'impôt à César, souvenez-vous que vous avez un autre ordre de devoir; à remplir envers Dieu.

Or, si le premier devoir envers les rois est de se soumettre, le premier devoir de l'homme envers son Créateur est d'être libre !

Il y a mieux, Jésus-Christ n'est pas même d'avis qu'on paye l'impôt aux rois,

Et il s'en ouvre dans l'intimité avec ses disciples :

« De qui, leur dit-il, les rois de la terre ont« ils le droit d'exiger le tribut ou le cens, de « leurs enfants ou de leurs esclaves?

« Pierre répondit : De leurs esclaves.

« Les fils, reprit Jésus, en sont donc exempts. »

S'il se soumet à l'impôt et s'il engage les scribes à s'y soumettre, c'est donc uniquement par contrainte et pour ne point soulever un scandale inutile;

Mais dans le tête-à-tête il proteste contre le principe.

La raison qu'il nous en donne est que les peuples étant de la même race et de la même famille que les rois de la terre ne sont tenus envers eux à aucune redevance.

L'homme ne doit rien à l'homme;

Il ne doit qu'à l'humanité et à Dieu.

Jésus ne cache pas à ses disciples que la lutte contre l'ancienne société sera longue et laborieuse.

C'est un passage étroit à forcer;

C'est une tempête à traverser sur une faible barque, tandis que le vent apporte les flots sur le bord à gros bouillons;

C'est une mère qui enfante et qui souffre, parce que son heure est venue.

Jésus déclare que les hommes ne prendront goût que lentement et peu à peu aux principes révolutionnaires de l'Évangile.

« Celui qui boit du vin vieux n'en demande

« pas aussitôt du nouveau, nous dit-il, car Il
« dit que le vieux est meilleur. »

La construction de la société nouvelle ressemble à une maison posée sur le sable.

Plus d'une fois les flots viendront de la mer, les vents souffleront et ils emporteront l'édifice,
Car il était bâti sur le sable.

Nous avons déjà essayé en effet de fonder une société juste et humaine ; mais les flots, des armées étrangères sont venus, mais les grands vents du despotisme ont soufflé, et ils ont emporté au loin l'œuvre de nos pères.

Il en sera de la sorte jusqu'à ce que la société nouvelle soit fondée sur la pierre, c'est-à-dire sur l'opinion et la croyance des peuples.

Alors les grands vents du nord viendront, alors les flots de la mer se souleveront, mais ils ne la renverseront pas.

Non-seulement la lutte contre l'ancienne constitution du monde sera longue, mais elle sera terrible.

« On entendra parler de guerres et de bruits
« de guerres,
« On verra des soulèvements de peuple contre peuple et de royaume contre royaume.
« Toutes ces choses ne seront encore que le
« commencement des douleurs;

«Malheur aux femmes qui seront grosses et
« nourrices en ces jours-là !

« Parce que alors l'affliction sera si grande
« que depuis la création du monde jusqu'a
« maintenant il n'y en a point eu et il n'y en
« aura pas de semblable. »

Ces choses ont été interprétées de la fin du
monde : ce sera en effet la fin du vieux monde,

La fin de la société ancienne qui agonisera
et mourra ;

Le soleil de la royauté s'obscurcira, et toutes
les puissances qui étoilaient le ciel tomberont,

Et il se fera une grande nuit !

Cependant ne craignez pas, vous qui avez
foi dans le Christ et dans l'avenir !

Car alors c'est que l'heure de votre délivrance approche.

L'humanité, notre mère, sera près d'accou-
cher dans le sang et dans les larmes ;

Le Fils de l'homme sera près de venir, c'est-
à-dire, cette fois, le Christ-peuple ;

Il viendra dans les nuages, qui couvriront la
face de la terre ;

Il viendra avec gloire et avec majesté.

Si le Verbe s'est fait chair dans la personne
de Jésus, il doit un jour se faire peuple dans
tous les hommes :

Ce sera là le second et dernier avénement,
C'est le Messie qu'attendent le chrétiens.

—🙠—

« Jésus, prenant à part Pierre, Jacques et
« Jean son frère, les emmena sur une haute
« montagne.

« Il fut transfiguré devant eux; son visage
« devint resplendissant comme le soleil, et
« son habit blanc comme la neige. »

Nous avons déjà dit que Jésus-Christ, dans
sa vie de luttes et de souffrances, était la forme
militante de l'humanité :

Il nous enseigne par cette transfiguration
qu'elle aura çà et là, même pendant son pèle-
rinage, des jours de gloire.

Elle aura ses journées du Mont-Tabor ;

Elle aura ses journées d'Austerlitz, de Wa-
gram et d'Eylau ;

Elle aura ses journées du 14 et du 29 juillet;

Elle aura çà et là ses élévations sur la cime

de la montagne, pendant lesquelles sa face resplendira comme le soleil, et ses haillons auront l'éclat et la blancheur de la neige;

Elle voudra se reposer dans cette splendeur;

Elle dira : Il fait bon ici; plantons-y notre tente!

Et une voix viendra du ciel qui dira : Celle-ci est une fille bien-aimée!

Mais cette élévation et cette gloire ne seront que passagères.

A la descente de la montagne l'humanité rencontrera encore l'obscurité de la nuit, les vêtements grossiers et le désert aride;

Elle entendra ces sévères paroles du Christ :

« Je vous déclare qu'Élie est déjà venu et « qu'ils ne l'ont pas connu. C'est ainsi qu'ils « feront souffrir le Fils de l'homme. »

Oui, il faut que l'humanité souffre,

Il faut qu'elle meure au vieux monde pour renaître à la société nouvelle,

Il faut que l'ancien édifice vermoulu qui

nous abrite soit démoli de fond en comble et jeté à terre.

Quelques béats de l'ancien ordre de choses passent encore devant ce temple de la société en l'admirant.

Ils s'arrêtent avec complaisance devant la grandeur des lignes et la somptuosité des ornements.

Eh bien, moi, je vous dis, au nom du Christ, que tous ces grands ouvrages des hommes seront détruits et qu'il ne restera pas ici pierre sur pierre.

On cherchera la place où aura été cet édifice, et on ne la trouvera pas ;

Car le vent de la colère aura passé et il aura emporté toutes ces constructions.

Mais, à la place de cet édifice détruit, il s'en élevera aussitôt un autre qui sera le temple du Christ et de la société nouvelle.

« Détruisez ce temple, disait Jésus en par-
« lant du temple de Jérusalem qui représen-
« tait la vieille société juive, et je le rebâtirai
« en trois jours. »

On concevra aisément le besoin de cette démolition entière et profonde, si l'on fait attention qu'il ne s'agit pas ici d'un simple changement à la surface des choses.

Il s'agit de retourner la société de manière à amener en haut ce qui était en bas.

Un tel renversement ne peut se faire sans fracas et sans violences.

Ainsi, je vous déclare qu'auparavant l'humanité sera fauchée comme un champ de blé.

Les institutions et les pouvoirs seront bouleversés comme la terre sous le soc de la charrue.

Jésus-Christ nous fait même entendre qu'il y aura plusieurs secousses et plusieurs révolutions avant la grande catastrophe définitive qui changera tout à fait et pour toujours la face du monde.

Mais plus ces jours de l'enfantement seront durs, plus les devoirs de ceux qui travaillent au salut de l'humanité seront sévères.

Si quelqu'un, après avoir mis la main à la charrue des révolutions, retourne la tête pour regarder derrière lui,

« Celui-là n'est pas propre pour le royaume « de Dieu. »

Si quelqu'un ayant son père mort demande le temps d'aller l'ensevelir,

Celui-là n'est pas digne de suivre les pas sanglants du grand révolutionnaire Jésus.

Frères, laissez les morts du vieux monde

ensevelir leurs morts ; mais, pour vous, montez, vers la vie,

Soyez prêts à tous les sacrifices.

L'humanité, en révolution, sera réduite elle-même à retrancher de ses membres tous ceux qui lui nuisent :

Si c'est sa main droite qui refuse d'agir, qu'elle la coupe ;

Si c'est le pied qui se soulève et qui refuse de marcher, qu'elle le coupe ;

Si c'est l'œil qui voit faux et qui l'égare, qu'elle l'arrache ;

Il vaut mieux, pour elle, entrer dans la vie boiteuse et borgne et sanglante que de laisser en chemin tous son corps dans une chute irréparable.

Le royaume de Dieu, ou, autrement dit, la société nouvelle sera amenée dans le monde par la grande loi du progrès,

Cette loi, ignorée des anciens et révélée par le Christ, est celle qui préside à tous les événements.

« A quoi comparons-nous, dit Jésus, le « royaume de Dieu?

« Le royaume de Dieu est semblable à un « homme qui a semé sa terre.

« Qu'il dorme ou qu'il se lève, pendant la « nuit et pendant le jour, la semence croît « toujours sans qu'il y pense;

« Car la terre produit d'elle-même son « fruit, premièrement l'herbe, puis le fro- « ment tout formé dans l'épi. »

Voilà l'image du développement de l'humanité.

Sans qu'elle y pense, qu'elle veille ou qu'elle dorme, pendant le repos ou dans le mouvement, la nuit ou le jour, elle travaille, à son insu, pour l'avenir.

Le germe déposé en elle se développe selon des lois irrésistibles et invariables.

L'humanité est un épi,

L'humanité est un arbre.

Il lui est aussi impossible d'arrêter en elle le travail de la sève que de hâter l'épanouissement de ses bourgeons et la maturité de ses fruits,

Dieu seul a le secret de cette loi physiolo-
gique du développement humain, lui seul sait
l'heure et les moments;

Car chaque feuille a sa date sur cet arbre
séculaire, chaque grain de froment a son jour
sur cet épi mystérieux.

Il nous suffit de savoir que tout vient à
temps.

Ce développement ambryologique de l'humanité doit amener à la fin, comme fruit de
l'arbre et comme froment de l'épi, le bonheur,
c'est-à-dire l'éclosion et l'épanouissement
complet de toutes nos destinées.

C'est ce que le Christ résume dans un mot,
« royaume de Dieu. »

Il est impossible, encore une fois, de pénétrer l'heure et le jour de cette grande manifestation de la vie,

Le jour où Dieu se révèlera,

« Car les anges même l'ignorent, et le Père
« l'a caché à son Fils. »

Cependant il est des signes auxquels Jésus-
Christ lui-même nous a appris qu'on pourrait
reconnaître que ce moment allait venir.

Frères, vous dites que nous entrons dans
l'hiver;

Moi, j'ai consulté le figuier, et il m'a semblé que l'été du genre humain approche.

Frères, vous dites qu'on va jeter le grain en terre, car nous allons en novembre, ·

Et moi je vous dis que les récoltes sont blanches pour la moisson et qu'on va y mettre la faux.

Jésus nous enseigne encore que ce progrès sera accompagné de fermentation et de soulèvement.

« A quoi comparerai-je le royaume de Dieu?

« Il est semblable au levain qu'une femme a « pris et a mis dans trois mesures de farine «jusqu'à ce que toute la pâte ait levé. »

Ce levain est le ferment des révolutions qui fait lever aujourd'hui toutes les sociétés.

Quand il sera tout à fait levé,

Quand le feu allumé par le Christ aura produit la grande conflagration du monde,

Quand le glaive qu'il a apporté sur la terre aura frappé les grandes plaies,

Quand les peuples auront été suffisamment broyés et foulés aux pieds des chevaux,

Quand tous les astres de la société auront pali et auront eu du sang sur la face,

Quand les autorités seront ébranlées comme les fondements d'un édifice qui croule,

Quand les peuples auront été consternés par la frayeur au bruit confus de la mer et des flots,

Et demeureront, pâmés de crainte, dans l'attente de ce qui va arriver à la terre;

Alors, vous, frères, vous qui avez foi dans l'avenir des révolutions et dans le salut de l'humanité,

« Lorsque ces choses commenceront d'arri« ver, regardez en haut et levez la tête, parce « que votre liberté approche! »

Si la lutte doit être longue, Jésus-Christ nous déclare que le moment qui la décidera sera prompt comme l'éclair.

Une vengeance soudaine et terrible éclatera avec la rapidité de la foudre sur la tête des méchants.

En ces jours-là les heureux du monde mangeront et boiront et se marieront comme ils
faisaient au temps de Noë quand toute la terre
fut surprise par le déluge;

En ces jours-là les riches planteront et bâ-
tiront comme ils faisaient au jour que Loth
sortit de Sodôme et qu'une pluie de feu tomba
sur la ville;

En ces jours-là les rois, ces serviteurs cou-
ronnés, battront leurs esclaves et boiront le
sang des nations;

Car ils diront en leur cœur : Mon maître ne
viendra pas sitôt.

Or c'est alors que l'avènement du Peuple-
Dieu paraîtra.

Ce maître-là viendra au jour où ses serviteurs ne s'y attendront pas, « et il les livrera
« aux bourreaux jusqu'à ce qu'ils aient payé
« tout ce qu'ils doivent. »

Ce sera une vengeance subite et universelle
qui couvrira toute la terre;

Les puissants y seront pris comme une bête
fauve à un piége;

Les riches y seront enveloppés comme les
poissons de la mer dans un filet;

Les rois y seront brûlés comme l'ivraie dans
un champ;

Ce seront, pour eux, des jours de ruine et de vertige.

Fuyez si vous en avez le temps!

Mais que le riche avare qui sera sur le toit et qui aura ses meubles avec son argent dans la maison ne descende pas pour les prendre;

Que le propriétaire qui sera dans ses champs à visiter ses orges et à supputer le gain de sa prochaine récolte ne retourne pas derrière lui;

Que le roi qui sera en voyage dans ses terres ne rentre pas dans son palais.

« Souvenez-vous de la femme de Loth, » qui a été pétrifiée pour avoir seulement regardé l'incendie de Sodôme!

Or une pluie de feu et une grêle de plomb éclatera de même alors sur la tête des grands.

Ils essaieront de fuir et de se cacher pour éviter la main de la vengeance divine;

Ils diront à la terre, engloutis-nous; aux collines, couvrez-nous; aux antres profonds, recevez-nous!

Mais les antres les vomiront,

Mais les collines refuseront de leur faire de l'ombre;

Mais la terre les rejettera avec horreur;

Car l'heure du grand jugement aura sonné;

Car la bouche de cuivre des trompettes aura

proclamé, d'un bout du monde à l'autre, leur sentence.

⬥❦⬥

Il est parlé plusieurs fois dans l'Évangile de ce dernier jugement de la société où il sera rendu à chacun selon ses œuvres.

Il y aura une division et un partage.

Le royaume de Dieu, sur la terre, est semblable à un filet qui a été jeté dans la mer et qui a enveloppé toutes sortes de poissons.

Lorsque le filet est plein les pêcheurs le tirent sur le bord où, s'étant assis, ils mettent les bons ensemble dans un vaisseau et jettent les mauvais dehors.

Ce filet est celui des révolutions qui surprendra les hommes pêle-mêle sous ses mailles de plomb;

Mais ensuite viendront les anges, c'est-à-dire les ministres des volontés divines, qui sépareront du milieu des justes les méchants

Et qui les jetteront dans la fournaise de feu,

là où il y a des pleurs et des grincements de
dents.

Le royaume de Dieu, sur la terre, est encore
semblable à un champ où le maître a d'abord
semé du bon grain ; mais, pendant qu'il dor-
mait, son ennemi est venu, a semé de l'ivraie
au milieu du froment et s'en est allé.

Ce champ est la société où Dieu avait semé
primitivement du bon grain, c'est-à-dire des
germes de liberté, de fraternité et d'amour ;
mais l'esprit de domination est venu qui a jeté
l'ivraie, c'est-à-dire la servitude, la propriété,
l'égoïsme, la division.

Cet ennemi-là est venu pendant le sommeil
des peuples, *cum autem dormirent.*

L'herbe ayant donc poussé et étant montée
en épi, l'ivraie commença à paraître, c'est-à-
dire toutes les têtes privilégiées qui ont commencé à dépasser le niveau des autres fronts.

Alors les serviteurs du peuple dirent à Dieu :
« Seigneur, n'avez-vous pas semé du bon grain
« dans votre champ ? D'où vient donc qu'il y
« a de l'ivraie ? Voulez-vous que nous allions
« sur l'heure l'arracher ? »

Mais Dieu leur répondit *non*, de crainte
qu'en arrachant les hommes pervers et usur-
pateurs, qui sont l'ivraie de la société, vous ne

déraciniez en même temps des hommes justes, qui sont le bon grain.

Laissez-les croître les uns et les autres jusqu'à la grande moisson des peuples, et au temps de la moisson je dirai aux moissonneurs : « Arrachez premièrement ces grands, ces riches, ces privilégiés, ces puissants, ces accapareurs, qui sont vraiment l'ivraie de la société puisqu'ils étouffent leurs frères et les empêchent de se développer;

« Arrachez-les, liez-les tous en botte et les jetez au feu !

« Mais amassez le blé pour le porter dans le grenier de la société future, où régneront la joie et l'abondance. »

Ces moissonneurs du Père de famille sont les révolutionnaires de l'humanité;

Ce sont Robespierre, Saint-Just, Collot-d'Herbois, tous les anges de la justice, armés du glaive ou de la faux, qui coupent la moisson humaine pour la diviser en deux parts.

Cette séparation des bons et des méchants, des grands et du peuple a déjà été commencée dans notre première révolution sous les coups des faucheurs;

Mais la moisson n'est pas finie, mais le dernier jugement n'est pas jugé.

Qui donc prononcera la dernière sentence qui doit jeter certains poissons dans l'eau et les autres dans les flammes, le blé dans les greniers et l'ivraie dans le four?

Ce sera le peuple-Christ venant dans les nuages avec majesté, accompagné de ses anges, au son des trompettes et des clairons.

Les hommes seront confondus pêle-mêle dans cette grande vallée de Josaphat, les riches avec les pauvres, les tyrans avec les esclaves, les exploitateurs avec les prolétaires.

« Toutes les nations seront assemblées de- « vant lui; il séparera tous les hommes, les « uns d'avec les autres, comme un pasteur sé- « pare les brebis d'avec les boucs. »

Or il mettra les brebis du côté de sa main droite, c'est-à-dire les faibles, les vaincus, les opprimés, les femmes;

Il placera au contraire à sa gauche les boucs, c'est-à-dire les forts, les oppresseurs, les violents, les hommes, tous ceux qui ont menacé et soumis le troupeau par la corne.

Et une grande voix s'élèvera :

— Maudits !

Maudits ceux qui ont laissé l'humanité être nue et avoir faim !

Maudits ceux qui ont laissé les malades frapper à la porte des hôpitaux sans en prendre soin !

Maudits ceux qui ont entassé pêle-mêle les prisonniers dans les prisons !

Maudits ! maudits !

« Et ceux-ci s'en iront dans le supplice éter-
« nel. »

Quels seront, au contraire, ceux qui entreront dans le royaume nouveau et dans la vie ?

Nous l'avons déjà dit plusieurs fois :

Les pauvres, les délaissés, les patients, les charitables,

Tous ceux qui auront souffert ou qui auront aidé l'humanité souffrante,

Ceux qui auront combattu,

Ceux qui auront ramassé le glaive de la Liberté tombé des mains ensanglantées du Christ et qui s'en seront vaillamment servi ;

Ceux qui auront allumé leur âme au feu des révolutions et qui l'auront propagé,

Ceux qui auront été jusqu'au bout de la lutte sans se soumettre et sans défaillir.

Bénédiction à ceux-là, amour, gloire, honneur !

Il sera tenu compte, en ce jour-là, du moindre service rendu à la cause des peuples.

N'auriez-vous fait que donner un verre d'eau froide au combattant qui avait soif,

N'auriez-vous fait que jeter le denier de la veuve dans le tronc des souscriptions révolutionnaires,

N'auriez-vous fait que visiter le défenseur du peuple dans son cabanon ou le blessé à l'hôpital sur son lit de douleur,

Soyez joyeux, il vous sera rendu au centuple !

Révolutionnaires, avocats de nos frères, soldats du peuple, sœurs de charité,

Vous tous enfin qui avez bien fait à l'humanité,

Vous qui avez souffert, vous qui avez aimé, Réjouissez vous !

Sous les affronts, sous les soufflets, sous les malédictions des hommes, réjouissez-vous encore !

Car vous aurez votre récompense dans la société humaine régénérée,

Vous aurez place dans le ciel et le paradis que le Fils de Dieu est venu apporter aux hommes sur la terre, *beati eritis cum maledixerint vobis homines.*

Venez donc vous tous, venez, vous qui êtes les bénis de l'humanité, prendre possession du royaume qui vous a été préparé depuis dix-huit siècles par les souffrances et les travaux de vos frères!

Cette société glorieuse et régénérée sera en effet le fruit de tout le grand labeur humain :

Nos pères, en souffrant, en combattant ou en protestant auront germé et travaillé pour elle;

Leurs fils en jouiront.

Ceci est la grande loi du monde :

« Ce que l'on dit communément en ce sujet « est vrai, que l'un sème et que l'autre récueille.

« Je vous ai envoyé recueillir ce que vous « n'avez pas cultivé. Ce sont d'autres qui l'ont

« cultivé, et vous êtes entrés dans leurs tra-
« vaux. »

Respect donc au passé,

Respect aux hérétiques morts sur les bûchers
en affirmant et en attestant dans les flammes
la liberté de l'intelligence !

Respect aux Albigeois, aux Pastouraux, aux
Vaudois et à tous les émeutiers du moyen âge
qui ont versé leur sang pour la cause de l'humanité !

Respect aux Huguenots et aux Frondeurs !

Respect à nos pères, à ces grands révolutionnaires de 89 et de 93 qui ont proclamé
sous le couteau la souveraineté du peuple !

Respect à eux ! « car nous sommes entrés
« dans leurs travaux »; ils ont remué et préparé le terrain des révolutions : c'est à nous
de continuer leur œuvre.

Respect à vous-mêmes, frères qui avez combattu et qui combattez encore pour détruire
la vieille société !

Vous ne transmettrez pas à vos fils un honteux héritage de maux patiemment soufferts,
d'esclavage accepté sans résistance ;

Vous ne les laisserez pas recueillir ces her-
bes amères et ces chardons blessants,

Si vous succombez, du moins vous aurez réclamé et protesté,

Et votre sang portera ses fruits.

Le devoir de tout homme qui ne peut vivre libre est de mourir. .

Jésus, dans une parabole, va au devant d'une objection qu'on ne manque pas de faire aux hommes qui ont foi dans l'avenir.

Si, disent certains partisants de l'immobilité et du *statu-quo*, l'humanité doit jouir un jour d'un bonheur qu'elle n'a pas eu par le passé, cela est injuste ;

Votre loi du progrès fait murmurer contre Dieu ; car les derniers venus au monde ont des avantages que n'ont pas eu les premiers, et, en vérité, ce n'est pas leur faute si la nature a oublié de les faire naître il y a mille ans.

A quoi Jésus répond :

« Le royaume de Dieu est semblable à un
« père de famille qui sortit de sa maison de
« grand matin afin de louer des ouvriers à sa
« vigne ;

« Et étant convenu avec les ouvriers qu'ils
« auraient un denier pour leur journée, il les
« envoya à sa vigne.

« Il sortit encore sur la troisième heure, et,
« en ayant vu d'autres qui se tenaient dans la
« place sans rien faire,

« Il leur dit : Allez-vous-en aussi, vous au-
« tres, à ma vigne,

« Et je vous donnerai ce qui sera raison-
« nable.

« Et ils s'y en allèrent. Il sortit encore sur la
« sixième et sur la neuvième heure, et fit la
« même chose.

« Enfin, étant sorti sur la onzième heure, il
« en trouva d'autres qui étaient là, debout, aux-
« quels il dit : Pourquoi demeurez-vous là
« tout le long du jour sans travailler ?

« C'est, lui dirent-ils, que personne ne nous a
« loués. Et il leur dit : Allez-vous-en aussi,
« vous autres, à ma vigne.

« Le soir étant venu, le maître de la vigne
« dit à celui qui avait le soin de ses affaires :
« Appelez les ouvriers et payez-les, en com-

« mençant depuis les premiers jusqu'aux der-
« niers.

« Ceux qui n'étaient venus que vers la on-
« zième heure s'étant approchés reçurent cha-
« cun un denier.

« Ceux qui avaient été loués les premiers,
« venant à leur tour, crurent qu'on leur don-
« nerait davantage, mais ils ne reçurent non
« plus qu'un denier chacun;

« Et en le recevant ils murmuraient contre
« le père de famille

« En disant : Ces derniers n'ont travaillé
« qu'une heure, et vous les rendez égaux à nous
« qui avons porté le poids du jour et de la cha-
« leur.

« Mais, pour réponse, il dit à l'un d'eux : Mon
« ami, je ne vous fais point de tort : n'êtes-
« vous pas convenu avec moi d'un denier?

« Prenez ce qui vous appartient, et vous en
« allez. Pour moi, je veux donner à ce dernier
« autant qu'à vous.

« Ne m'est-il donc pas permis de faire ce que
« je veux? et votre œil est-il mauvais parce
« que je suis bon? »

Cette vigne est la société,

Les travailleurs qu'y envoie le père de famille sont les hommes.

Quelques-uns y sont venus de meilleure heure et ont eu plus longtemps que les autres à soutenir le poids de la chaleur et du jour;

Ils ont sué et haleté à cette rude besogne des révolutions.

Mais tous recevront, à la fin du jour, la même récompense ;

Cette récompense sera égale, quoique les travaux n'aient point été les mêmes pour tous.

Si la justice de Dieu souffre de cette égalité, sa bonté en est satisfaite, et cela suffit.

Dans la pensée de Jésus-Christ l'humanité est un seul et même être dont tous les intérêts se tiennent, comme les travaux ou les souffrances.

C'est un grain de sénevé jeté en terre,

C'est un arbre dont toutes les feuilles sont solidaires,

C'est une même masse de farine pénétrée par le même levain.

Nous travaillons les uns dans les autres, comme nous héritons dans nos organes, en venant au monde, du progrès et du développement amenés par les siècles qui nous précèdent.

C'est dans ce sentiment de l'identité humaine que Jésus-Christ annonce souvent comme prochaines, à ses disciples, des choses qui ne pouvaient advenir qu'après plusieurs siècles à leurs successeurs.

Ceci explique encore l'impatience des premiers chrétiens, leurs terreurs de la fin du monde et leur foi entièrement tournée vers le ciel.

L'homme, être éphémère et passager qui se hâte à mourir, croit toujours que les destinées du monde doivent s'accomplir de son temps,

Ou bien alors il les transporte ailleurs,

Tandis que l'humanité, qui a devant elle les siècles et l'espace, sait que ces destinées s'accompliront toujours assez tôt ;

Elle marche calme et grande vers l'avenir, sans s'agiter outre mesure et sans vouloir précipiter dans le ciel, par dépit et pour impatience, des espérances qui doivent un jour commencer sur la terre leur accomplissement.

Vous êtes favorisés, vous que le mouvement des temps et des révolutions a apportés sur le bord du « royaume de Dieu. »

Nous vous avons parlé des commotions et des ébranlements qui devaient amener ce règne.

Nous vous avons dit : Quand vous entendez l'orage gronder dans la rue,

Quand une grêle de balles siffle à vos oreilles, quand le tonnerre du canon gronde,

N'imitez pas les Gentils qui n'ont pas de foi! imitez les Juifs, qui attendent une délivrance;

Ne fermez pas vos fenêtres alors, ouvrez-les;

Ouvrez vos cœurs à l'espérance;

Car le Messie-peuple doit venir dans un orage.

Toutefois, nous vous l'avons encore dit, ces choses ne seront que le commencement.

Ces secousses et ces émotions ne font que préparer un fait moral; et ce fait, quand le jour en sera venu, se détachera de lui-même comme un fruit mûr.

Il n'y aura plus besoin ce jour-là de fusils, ni de canons, ni de force brutale.

Une seule arme sera nécessaire : la foi.

Or la foi implique la volonté.

Croyez et voulez,

Croyez et voulez, frères, et tous les miracles s'accompliront dans l'État sans autre instrument que la parole !

Ayez en l'avenir de la foi gros comme un grain de sénevé ;

Et vous direz au vieil arbre mort de la société : Déracine-toi ! et il se déracinera.

Vous direz à cette lourde montagne du despotisme qui pèse sur le monde : Ote-toi de là ! et elle se retirera.

Vous n'aurez même pas besoin de combattre contre ce troupeau de privilégiés, de grands, de propriétaires, de maîtres qui broutaient toute votre substance et qui s'engraissaient de votre maigreur.

Vous n'aurez même pas la peine de les détruire ;

Car, comme ce troupeau de pourceaux qui, ayant vu la délivrance d'un homme, se jeta tout d'un bond dans la mer,

Ces hommes, à la vue du peuple délivré du mauvais esprit de servitude qui le possédait,

Se précipiteront tous de colère et s'abimeront eux-mêmes dans le néant.

Quel sera maintenant cette société amenée dans le monde par la maturité lente du genre humain?

D'abord, la première et grande loi sociale que Jésus-Christ est venu révéler aux peuples c'est l'unité.

« Père, dit-il à Dieu en parlant des hommes,
« qu'ils soient tous un comme nous sommes
« un.

« Père saint, gardez en votre nom ceux que
« vous m'avez donnés, afin qu'ils soient un
« comme nous.

« Je suis en eux et vous êtes en moi, afin
« qu'ils soient consommés dans l'unité. »

Voilà toute la théorie du christianisme sociétaire, l'unité divine appelant à elle l'unité humaine.

Le peuple doit être un comme Dieu est un.

Cette société a son point de ralliement dans le Christ.

« Je suis en eux, dit-il à son père, comme
« vous êtes en moi. »

Cette unité s'étendra à toute la terre et à tous les peuples.

« Il viendra des gens du septentrion et du
« midi qui seront à table dans le royaume de
« Dieu. »

Il ne doit y avoir qu'un peuple, car il n'y a qu'un Dieu.

Arabes, Cosaks, Abyssins, Kalmouks, Mal-
gaches, vous viendrez, du midi et du septentrion, vous asseoir à nos tables et manger
avec nous;

Vous tous qui d'un pôle du monde à l'autre êtes divisés par les mers, les terres, et, ce
qui est encore plus infranchissable, par les
rivalités et les amours-propres de nation,

Vous viendrez et vous ne ferez qu'un même
cercle de convives buvant à la santé du monde,

C'est cette sainte et fraternelle unité que Jésus-Christ a voulu consacrer par un signe sensible dans la communion.

Il a voulu que tous les hommes mordissent au même pain et bussent au même vin, afin qu'ils n'eussent tous qu'un sang et qu'une chair,

La chair et le sang des enfants de Dieu.

C'est dans cette unité humaine qu'est la vie, c'est dans cette communion mutuelle qu'est la fécondité : « Celui qui me mange, « dit Jésus, vivra par moi. »

La vie est dans la communion des branches au tronc : « Demeurez en moi, et je de- « meurerai en vous : comme la branche de la « vigne ne peut d'elle-même porter de fruit « si elle ne demeure dans ce cep, de même

« vous n'en pouvez porter si vous ne demeurez
« en moi. »

Or Jésus était, comme nous l'avons dit, la
figure incarnée de l'unité humaine.

En nous exhortant à le manger et à demeurer en lui il nous engage à nous nourrir
de l'humanité et à demeurer en elle.

Et comme l'unité humaine est le point de
liaison entre l'homme et la Divinité, il s'ensuit qu'en étant unis ensemble nous nous
tiendrons en société avec « le Père, »

Mordant tous au même pain, nous mange-
rons tous au même Dieu.

C'est là ce repas unitaire dont le *repas libre*
des anciens n'était qu'une grossière ébauche.

« Mangez, nous dit le Christ en nous rom-
« pant le pain, ceci est mon corps. »

C'est-à-dire le corps de l'humanité.

« Buvez, nous dit le Christ en nous ver-
« sant le vin, ceci est mon sang ! »

C'est-à-dire le sang de l'humanité.

Frères, mangeons-nous et buvons-nous donc
les uns les autres sous ces *espèces;*

Car communier à l'humanité c'est communier au Christ,

Et communier au Christ c'est communier à
Dieu,

« Comme mon Père, qui est vivant, m'a
« envoyé et que je vis par mon Père, de même
« celui qui me mange vivra par moi. »

-o-🌙C-o-

« Je suis le pain vivant, disait Jésus-
« Christ :

« Si quelqu'un mange de ce pain il vivra
« éternellement, et le pain que je donnerai
« c'est ma chair pour la liberté du monde. »
Or, comme ce discours révoltait ses auditeurs, Jésus appuyait et persistait en disant :

« En vérité, en vérité, je vous répète que si
« vous ne mangez la chair du *Fils de l'homme*
« et si vous ne buvez son sang, vous n'aurez
« point la vie en vous;

« Car ma chair est véritablement nourri-
« ture, et mon sang est véritablement breu-
« vage,

« Celui qui mange ma chair et boit mon

« sang demeure en moi, et je demeure en
« lui. »

Or les disciples continuaient de murmurer : « Cette parole est dure, disaient-ils en-
« tre eux, et qui peut l'écouter ? »

Plusieurs même se retirèrent.

Cette loi d'anthropophagisme humanitaire
par laquelle nous buvons le sang et nous mangeons la chair les uns des autres,

De telle sorte que nous nous assimilions les
uns aux autres comme la nourriture au corps,

Et que nous demeurions les uns dans les
autres, *manete in me et ego in vobis*,

Est en effet le côté transcendant et le dernier mot du christianisme socialiste.

Jésus, voulant montrer la supériorité de ce
grand festin moral qu'il venait apporter aux
hommes, l'oppose à la manne, qui était également une figure du repas commun et égali-
taire :

« Il n'en est pas ainsi que de la manne
« dont vos pères ont mangé, et toutefois ils sont
« morts ; celui qui mange ce pain vivra éter-
« nellement. »

La vie est attachée à cette transsubstantia-
tion du *Fils de l'homme* dans son semblable,

Parce que l'humanité renaissant et se trans-

mettant ainsi tout entière, par la communion, dans chacun de ses membres, entre en
possession de l'éternité de Dieu.

« Celui qui mange ma chair et qui boit
« mon sang, dit le Christ, *Fils de l'homme* et
« représentant de l'humanité, a la vie éter-
« nelle, *habet vitam æternam.*»

⁓❦⁓

Où se trouve seulement la réunion de quelques hommes se trouve le Christ, c'est-à-dire
toute l'humanité. « Je suis là au milieu d'eux,
« *ibi sum in medio eorum.* »

Cette communion a l'ensemble dans la présence et le commerce de quelques membres
de deux ou trois rassemblés, *dua vel tres con-
gregati,* est le principe générateur de toute
société.

Si Jésus-Christ recommande si souvent aux

siens la prière dans l'Évangile, c'est que la prière est une aspiration à l'unité.

C'est encore ce que les chrétiens désignent eux-mêmes sous le nom de *communion spiri-tuelle*.

On participe les uns aux autres spirituellement dans ce banquet du cœur, car la prière est faite d'amour et de désir.

Frères, apprenez maintenant à ne rien mépriser ;

Ne condamnez pas vos sœurs qui prient à l'ombre du temple ;

Car, en vérité, je vous le dis, le cœur qui prie, comme celui qui aime, avance le monde vers l'unité, c'est-à-dire vers Dieu.

Cette unité ne peut avoir lieu en effet que par l'assentiment des molécules humaines à se porter toutes les unes vers les autres ;

Cette loi d'attraction est une loi d'amour.

« Aimez Dieu de tout votre cœur et le pro-« chain comme vous-même : là est toute la « loi.

« Le monde reconnaîtra que vous êtes mes « disciples à ce que vous vous vous chérirez « les uns les autres.

« Voici le nouveau commandement que je

« vous donne : c'est de vous aimer entre
« vous. »

C'est sur cette loi d'amour que Jésus entend
fonder la société dans le mariage.

« N'avez-vous point lu, disait-il, que celui
« qui créa l'homme au commencement fit un
« homme et une femme, et dit :

« A cause de cela, l'homme quittera son
« père et sa mère pour adhérer à sa femme,
« et ils ne seront tous deux qu'une seule chair.

« C'est pourquoi ils ne seront plus deux,
« mais une chair. »

C'est par cette fusion de deux en un, par
cette union complète de l'homme et de la
femme que l'unité sociale doit entrer dans
le monde.

Interrogé quand son règne viendrait, Jésus,
au témoignage de saint Clément, pape [1], l'un
des plus anciens Pères de l'Église, répondit :

Lorsque deux seront un, *quando duo erunt*
« *unum*,

« Lorsque ce qui est en dedans sera dehors,
« *quando quod est intra fiet extra*,

---

[1] Voir les lettres de saint Clément, pape, dans la *Biblio-
thèque des anciens Pères*. C'est ici le seul endroit où nous
ayions ajouté un autre texte à celui des quatre évangélistes

« Et lorsque l'homme avec la femme ne se-
« ront plus ni homme ni femme, *et quando vir*
« *cum fœmina neque vir neque fœmina.* »

C'est-à-dire lorsque, par l'expansion et l'a-
mour, *quod est intra fiet extra*, l'homme et la
femme en seront arrivés à ne plus faire qu'un
seul et même être qui ne sera plus ni mâle ni
femelle, mais qui tiendra de l'un et de l'autre,

Le couple humain ainsi doublé de puissance
par cette intime union des sexes transpor-
tera cette unité dans l'État, et alors viendra
le règne de Jésus-Christ, qui est un règne
d'amour.

Le mariage est le moule et en quelque sorte
l'élément rudimentaire de la société.

Il faut que tous les hommes arrivent à faire
un par l'esprit, comme l'homme et la femme
sont un par la chair, *duo in carne unâ.*

C'est ce mariage de l'humanité que Jésus-
Christ, encore une fois, cherchait dans la
communion quand il voulait faire de tous les
hommes un seul corps en lui et un même
sang, *hoc est corpus meum et sanguis meus.* « Ceci
« est mon sang et ma chair, » pourra dire un
jour le fils de l'homme en montrant toute
l'humanité unie en communauté d'esprit et
de nourriture,

« Femme, disait Jésus-Christ à la Samari-
« taine, croyez-moi, le temps est venu que vous
« n'adorerez mon Père ni sur cette montagne
« ni à Jérusalem. »

Le monde sera en effet un grand temple où
tous les hommes adoreront Dieu dans l'unité
et dans la justice.

Le ciel, l'eau et la terre appartiendront à
tous les hommes, car ils ne formeront à eux
tous qu'un seul grand propriétaire.

« Il n'y aura, ajoute Jésus, qu'un troupeau,
« qu'une bergerie et qu'un seul pasteur. »

Ce qui veut dire : Il n'y aura qu'un peuple,
qu'une maison et qu'une autorité.

Il n'y aura qu'un peuple, car toutes les nations de la terre se réuniront en une seule nation.

« J'ai d'autres brebis, dit Jésus, qui ne sont

« pas de cette bergerie ; il faut aussi que je les
« amène. »

Il n'y aura qu'une maison, car tous les membres de la société, ne formant plus qu'un seul
corps, seront logés par l'État dans plusieurs
maisons qui n'en formeront qu'une seule ; ce
seront les alvéoles de la grande ruche humaine.

Il n'y aura qu'une autorité, qui sera celle de
la nation elle-même, représentée dans des
hommes nommés et choisis par elle.

Ce pouvoir-là n'aura rien de formidable ni
de pesant ; il sera pasteur des peuples.

Ses insignes ne seront ni une couronne, ni
un sceptre, ni une main de justice, mais une
houlette ;

Ses fonctions seront de faire paître le troupeau et de le conduire toujours en avant vers
les grasses solitudes de l'avenir.

Ce pouvoir-là n'aura rien de commun avec
ce pouvoir spoliateur qui est descendu les armes à la main, comme un voleur et un larron,
dans la société intimidée.

Celui-là entrera par la porte, c'est-à-dire
par des voies douces et légales ;

Il sera le pasteur, il marchera devant ses
brebis, et les brebis entendront sa voix,

Tandis que les autres sont des mercenaires qui maltraitent le troupeau, et auxquels le troupeau se soumet par crainte.

Ce sera le pasteur et non le mercenaire.

Le bon pasteur donne sa vie pour ses brebis.

« Mais le mercenaire et celui qui n'est point « le pasteur, à qui les brebis n'appartiennent « pas, voit venir le loup, et il abandonne les « brebis et s'enfuit, et le loup ravit et dissipe « les brebis. »

Voilà le pouvoir mercenaire, celui qui préfère sa conservation à celle du troupeau.

Celui qui dit : Que m'importe que mes brebis meurent de faim ou que les loups étrangers les ravissent, pourvu que je touche ma paie !

Celui qui dit : Que m'importe que des brigands armés détruisent et égorgent au loin le troupeau des peuples, pourvu que je m'affermisse, moi et les miens !

Celui qui dit : Que m'importe que des hommes avides tondent la laine de mes brebis et traient le lait de leurs mamelles, pourvu que j'aie ma part dans leurs larcins.

Il est dit que les brebis ne lui appartiennent pas et qu'il est l'étranger !

En effet on ne possède les hommes que par l'amour.

Celui-ci est l'étranger, les brebis n'entendent pas sa voix.

Et quand le vrai pasteur se montrera elles
le quitteront toutes pour se réunir au pasteur.

L'unité amène, par une pente douce mais
nécessaire, à la communauté.

Tous les hommes ne faisant qu'un, doivent
tendre à se rapprocher, à vivre ensemble, à
manger au même pain et à boire au même vin.

Comme la communauté de biens suit naturellement l'acte de mariage,

Ainsi la participation aux mêmes avantages devra suivre les grandes épousailles de
l'humanité.

Cette unité dans le vivre et dans le couvert
sera une source d'abondance; c'est ce que Jésus-Christ entendait lorsque, buvant le vin pour

la dernière fois en communauté avec ses apôtres, il leur dit :

« Je ne boirai plus de ce jus de la vigne jus-
« qu'à ce que je boive avec vous dans le royau-
« me de mon Père. »

L'abstinence, le jeûne, la macération de la
chair sont, comme nous le démontrerons dans
la suite, des lois de l'Église commandées par
les besoins des temps, mais qui sortent tout
à fait de l'esprit de l'Évangile.

Jésus nous déclare, au contraire, qu'il est
venu apporter aux siens l'abondance et la plé-
nitude de la vie, *ut vitam habeant et abundan-
tius habeant.*

Il ne veut point que ses disciples jeûnent;

Il se mêle lui-même aux grands repas où il
y a beaucoup de convives, comme pour se rapprocher du repas commun;

Enfin il nous enseigne les miracles produits
par l'association et la communauté en deux
endroits remarquables de l'Évangile :

Jésus ayant été invité aux noces à Cana en
Galilée et le vin étant venu à manquer vers le
milieu du repas,

Jésus dit :

« Remplissez d'eau ces urnes. »

C'étaient six grandes urnes de pierre dont se

servaient les Juifs pour leurs purifications.

Les serviteurs les remplirent d'eau jusqu'au bord.

Et Jésus changea cette eau en un vin meilleur que celui de l'époux.

Une autre fois, il se faisait tard et Jésus était dans le désert avec une grande multitude.

Jésus demanda à ses disciples : Combien avez-vous de pains?

« S'en étant instruits ils lui revinrent dire « qu'il y en avaient cinq et deux poissons.

« Il leur commanda de faire asseoir tout ce « peuple par groupes différents sur l'herbe « verte.

« Et ils s'assirent en plusieurs groupes, les « uns de cent personnes, les autres de cin- « quante;

« Alors Jésus ayant pris les cinq pains et « les deux poissons les bénit en regardant « le ciel, et rompit les pains, qu'il donna à « ses disciples pour les présenter au peuple, « et leur fit distribuer à tous leur part des « deux poissons.

« Ils en mangèrent tous jusqu'à être rassa- « siés.

Au lieu de chercher dans ce miracle un su-

jet de raillerie banale et facile, voyons-y plutôt une magnifique image des bienfaits que la
communauté répandra sur la terre;

Cette mère des miracles changera pour nous
l'eau en vin et multipliera le pain dans les cor-
beilles

Lorsque l'humanité assise sur l'herbe et di-
visée par groupes

Mangera au même repas en regardant le
ciel et en bénissant Dieu.

« Cherchez premièrement, dit Jésus-Christ,
« le royaume de Dieu et sa justice, et toutes
« les choses de la vie vous seront données
« comme par surcroît. »

Il nous promet en effet, dans cette société
nouvelle, la vigilante adminis ration d'un
*père juste et libéral qui distribuera à chacun selon
ses besoins* et fera luire sur tous les hommes
l'égalité comme un soleil.

Une société où il y a des membres qui souf‑
frent de la faim, du froid ou de la soif n'est
pas une société chrétienne ;

Car Jésus a voulu que la boisson, la nourri‑
ture et le vêtement fussent communs à tous
comme l'air du ciel et la lumière.

Cette confiance en un pouvoir distributeur
du nécessaire entre si profondément dans les
vues du Christ qu'il en fait le signe singulier
de son peuple :

« Ce sont les Gentils, dit-il, qui font autre‑
« ment et qui se tourmentent des choses de la
« vie. »

Le peuple au contraire régénéré, ayant foi
en une sorte de providence sociale infaillible,
bannira de son sein ce tourment et ce souci
de la vie matérielle qui empoisonne toutes les
jouissances de l'âme.

L'esprit n'étant plus gêné par la crainte du
lendemain, par la question du boire et du
manger, *quid bibemus et quid manducabimus*, s'é‑
lèvera plus facilement à cette parole de vérité
qui sort de la bouche de Dieu et qui est la
vraie nourriture de l'intelligence.

L'humanité s'étant remis du soin de la sa‑
tisfaction de ses besoins à une main *juste et
libérale* qui rendra à chacun selon ses œuvres

Ne sera plus inquiète du vêtement ni du lendemain, car le lendemain apportera, avec les mêmes travaux et les mêmes besoins, la même récompense.

❦

La propriété n'étant plus immobilisée sur quelques hommes qui l'enfouissent en terre, là où la rouille la ronge et où les vers la dévorent,

S'étendra à tous et se multipliera par la circulation.

Alors la richesse luira pour tous les hommes comme le soleil.

En ces jours-là l'usure, au contraire, la fortune personnelle, l'usurpation de l'or auront disparu de la famille et des citoyens,

En ces jours la Bourse et la Banque seront démolies,

Car le royaume de Dieu n'admet pas ces temples de Mammon.

La parole du Christ est formelle :

« Personne ne peut servir deux maîtres;
« car ou il aura de l'aversion pour l'un et de
« l'amour pour l'autre, ou il honorera l'un et
« méprisera l'autre. »

Vous ne pouvez servir Dieu et l'argent !

Vous ne pouvez être à la fois chrétiens et
propriétaires !

« Vendez votre bien, disait Jésus aux riches,
« distribuez-en le prix, et ensuite venez et
« suivez-moi, »

Riches, avant donc de mettre les pieds aux
églises, commencez, si vous n'êtes pas des hypocrites et des menteurs, par distribuer vos
biens et par les partager;

Car, autrement, vous rencontrerez à la porte
la sévère figure du Christ qui dira :

« Ces gens-là m'honorent des lèvres, mais
« leur cœur est loin de ma doctrine. »

La fraternité découle encore naturellement de la sainte loi de l'unité.

« Vous n'avez qu'un père, dit Jésus-Christ;
« vous êtes tous frères ! »

Le peuple -Christ regardant un jour autour de lui dira de tous les peuples voisins et de toutes les nations qui le touchent :

« Voilà mes sœurs et mes frères ! »

Tous les hommes sont frères parce qu'ils sont tous enfants de Dieu.

Tenons, peuple, à cette filiation divine ;

Ne nous abrutissons pas dans des doctrines de matérialisme dégoûtant qui ravalent tous les hommes à une fraternité abjecte, comme tous les porcs d'un même troupeau.

Car souvenons-nous que, si l'on opprime aisément les pourceaux parce qu'ils sont pourceaux, et si l'on les chasse devant soi avec une gaule,

On ne s'attaque pas volontiers aux dieux, parce que, étant dieux, ils ont dans leurs mains la foudre :

C'est pourquoi Christ nous a tous surnommés, dans Jacques et Jean, *Boanerges*, enfants du tonnerre.

Jésus - Christ tient à bannir du milieu des siens toute question de préséance.

« Vous savez que ceux qui commandent aux
« nations les gouvernent avec empire, et que
« les grands prennent sur elles une autorité
« de maîtres :

 « Qu'il n'en soit pas ainsi parmi vous. »

Il ajoute, en parlant des scribes et des pharisiens qui composaient l'aristocratie chez les Juifs :

« Ils aiment qu'on les salue et qu'on les appelle maîtres; .

« Mais, pour vous, ne prenez pas le nom de
« *maître*, car vous êtes tous frères. »

Jésus mit lui-même en pratique cette maxime d'égalité et témoigna son horreur pour l'institution de la souveraineté chez les peuples lorsque, « sachant que plusieurs viendraient
« afin de le faire roi, » il se retira plus loin seul sur la montagne.

Admirons, au reste, la hauteur et la puissance du niveau que Jésus entend passer sur les têtes humaines :

« Vous êtes tous frères, et vous n'avez qu'un
« Père qui est au ciel. »

Comme la politique de nos députés et de nos hommes d'État semble petite devant la doctrine du Nazaréen !

La Charte dit : « Tous les hommes sont
« égaux devant la loi ; »

L'Évangile dit : «Tous les hommes sont égaux
« devant Dieu ! »

Il faut pourtant s'entendre sur cette égalité. Jésus-Christ ne prétend pas détruire dans le monde cette grande hiérarchie naturelle sans laquelle aucune société ne saurait vivre.

Il s'avoue lui-même le chef de ses disciples, *sum etenim.*

Mais Jésus - Christ n'entend pas que cette

principauté d'intelligence pèse sur eux comme un joug :

« Je ne vous appellerai pas serviteurs, se « hâte-t-il d'ajouter, parce que le serviteur ne « sait pas les desseins de son maître, mais je « vous appelle mes amis. »

La nation tout entière sera en effet conviée comme amie et comme conseil aux desseins de son gouvernement.

Mais Jésus - Christ représentant en sa personne, vis-à-vis des disciples, l'autorité future tient à nous bien fixer sur les notions exactes que nous en devons avoir.

« Que celui qui gouverne, nous dit-il, soit « comme celui qui sert. »

Le commandement ne peut donc être considéré au point de vue chrétien que comme une fonction et une charge, non comme une dignité.

L'homme en pouvoir est un serviteur aux gages de la nation.

L'autorité future ne sera pas, comme celle des maîtres de la terre, un lourd fardeau qui pèse sur la tête des peuples.

« Venez à moi, dit Jésus-Christ appelant à « lui les populations fatiguées par le poids de « l'ancienne servitude,

« Prenez mon joug sur vous et apprenez de
« moi que je suis doux et humble de cœur, et
« vous trouverez le repos de vos âmes,

« Car mon joug est doux et mon fardeau
« est léger. »

Qu'est-ce qui allégera ce fardeau du nouveau
pouvoir et le rendra doux à l'épaule des peuples? ce sera l'amour.

Jésus, avant de remettre à Pierre la garde
du troupeau, l'interrogea par trois fois, au nom
de l'humanité,

En lui disant : « Pierre, m'aimez-vous? »

Et ce n'est qu'à la troisième affirmation qu'il
lui abandonna le soin de mener paître ses
brebis.

Là est toute la théorie du pouvoir à venir,
qui sera un pouvoir moral et dont l'influence
s'exercera sur le cœur.

Celui qui commandera le plus sera celui
qui aimera le mieux.

Quant à ceux qui règnent et commandent
aujourd'hui par la force, leur sentence nous
semble suffisamment portée par le Christ.

Ils ont tiré le glaive du fourreau ; ils péri-
ront par le glaive,

Jésus-Christ étant venu apporter la vie, *ego
v ei ut vitam habeant,* c'est-à-dire le libre développement de toutes les facultés et de toutes
les tendances humaines, comprit la nécessité
de déterminer à cette liberté de chacun une
limite, pour qu'elle ne gênât pas la liberté des
autres.

Le cercle dans lequel l'activité individuelle
peut s'exercer sans gêner ni contrarier l'activité d'autrui est tracé par cette parole mémorable :

« Ne faites pas aux autres ce que vous ne
« voudriez pas qu'il vous fût fait. »

Cette parole et quelques autres du même
genre règlent suffisamment les rapports des
citoyens entre eux :

« Conduisez-vous donc en toutes choses en-
« vers les hommes comme vous voudriez qu'ils
« se conduisissent envers vous.

« Ne jugez pas, afin que vous ne soyez pas
« jugé. »

Si quelqu'un s'écarte de cette conduite équitable et humaine, Jésus-Christ indique le
moyen de le ramener au devoir.

La pénalité du Christ n'est pas comme la
vôtre, qui frappe souvent des victimes repen-
ties.

Jésus-Christ veut qu'on commence par aver-
tir et par reprendre le coupable en particulier,
de vive voix, *increpa illum*.

Si cette admonition réitérée jusqu'à trois
fois ne suffit pas pour le retenir, alors il faut
prendre deux ou trois personnes avec soi afin
de donner plus d'autorité à la chose.

S'il ne les écoute pas, alors il faut le faire
réprimander publiquement par la société.

Si enfin il résiste à la société, il faut le regarder comme un païen, c'est-à-dire le déclarer
en retard de son siècle et en arrière de la civilisation.

Jésus-Christ a horreur des lois pénales qui
régissent les vieilles sociétés : aussi engage-t-
il les siens à finir entre eux leurs différents
sans en déférer à l'autorité :

« Accordez-vous de bonne heure avec votre
« adversaire pendant que vous êtes encore

« en chemin avec lui, de peur qu'il ne vous
« livre au juge et que le juge ne vous livre à
« son ministre et que vous ne soyez mis en
« prison.

« Je vous dis, en vérité, que vous n'en sor-
« tirez point que vous n'ayez rendu jusqu'au
« dernier denier. »

Ces conseils montrent bien que Jésus, en
contradiction avec la société de son temps, s'occupait avant tout de l'organisation d'une autre
société.

En retirant ainsi ses disciples de l'ancien
Code pénal, Jésus-Christ les amène naturellement à la nouvelle loi et au nouveau royaume
qu'il veut fonder sur la terre,

Royaume de tolérance et d'amour dont vous
êtes par avance les citoyens, vous qui ne voulez pas qu'on éteigne la lampe qui fume encore et qu'on achève le roseau brisé,

Royaume où le glaive de la justice sera remis tout sanglant dans le fourreau,

Royaume où l'on écartera les pierres du
sein de la femme pécheresse et le couteau de
la tête des pécheurs,

Car le pouvoir, en ce temps-là, sera miséricordieux comme le Père céleste qui fait lever
son soleil sur les bons et sur les méchants,

La doctrine de Jésus condamnait les grands, les riches, les privilégiés.

Son entrée en triomphe dans le temple de Jérusalem acheva d'exciter contre lui les magistrats.

Cette entrée était en effet une véritable ovation populaire.

Les branches d'arbre coupées et jetées à terre, les vêtements étendus sur son chemin, les palmes aux mains de la multitude,

Tout annonçait une marche tumultueuse en l'honneur d'un tribun.

Et les troupes du peuple qui marchaient devant lui et celles qui le suivaient criaient : « Hosanna au Fils de David ! Béni soit celui « qui vient au nom du Seigneur ! Hosanna au « plus haut des cieux ! »

Lorsqu'il entra dans Jérusalem toute la

ville fut émue, chacun demandait : Qui est celui-ci ?

Et le peuple répondait : C'est Jésus le prophète qui est sorti de Nazareth en Galilée.

Et la foule se prosternait sur son passage en disant : Délivrez-nous, *salva quæso!*

Or les princes des prêtres entendant tout le peuple qui criait dans le temple : « Hosanna « au Fils de David ! »

En conçurent de l'indignation et lui dirent : « Maître, reprenez vos disciples. »

Mais Jésus, sans condescendre à leurs remontrances, leur dit :

« Je vous déclare que si ceux-ci se taisent « les pierres crieront. »

Ces emportements de la foule, ces chants de joie et d'allégresse, ces cris de liberté, *salva quæso!*

Avaient allumé, comme dit le texte, la colère des grands; mais ce qui les courrouça tout à fait ce fut le titre de *roi* donné à Jésus.

« Béni soit le Roi, disait le peuple, qui « nous vient au nom de Dieu ! »

Le peuple, ne sachant trop encore comment caractériser cet initiateur à une société nouvelle, le salue de la formule consacrée : elle le nomme Roi. Mais pour faire entendre que ce-

lui-là n'a rien de commun avec les autres maîtres de la terre qui maltraitent et tyrannisent
leurs sujets,

Elle ajoute que c'est le Roi envoyé de Dieu
pour la mettre en liberté.

A dater de ce jour Jésus était vraiment un
chef populaire.

Pour mieux se pénétrer de cette vérité, que
l'entrée de Jésus en triomphe dans Jérusalem
fut un fait tout politique, il suffit de lire le
texte :

« Lorsqu'il approcha de la ville et qu'il la
« vit il pleura sur elle en disant : Oh! si tu
« connaissais encore ce jour favorable pour toi

« Et les choses qui se présentent pour te
« donner la paix!

« Mais elles sont maintenant cachées à tes
« yeux. »

Ce sont aussi les paroles que je t'adresse,
ô mon pays!

Si tu connaissais les choses qui se présentent pour te donner la paix,

Si tu écoutais la voix de ceux qui t'annon-
cent la liberté,

Si par une douce et salutaire réforme tu
changeais sans violence tes institutions,

Si tu abattais de toi-même par les armes pacifiques de la raison les priviléges, les fortunes
et les servitudes qui t'accablent,

Si tu rejetais tout d'un coup sur l'Europe
cette guerre lente et continue que les rois veulent porter dans ton sein,

Tu serais sauvé, tu serais heureux!

Mais au contraire tu fermes obstinément les
yeux au soleil de la vérité.

« Il viendra un temps malheureux pour toi
« auquel tes ennemis feront une circonvalla-
« tion autour de tes murailles ; ils t'assiégeront
« et te serreront de toutes parts ;

« Ils raseront les maisons, ils extermineront
« tes habitants, et ils ne te laisseront pas pierre
« sur pierre, »

Parce que tu n'as pas écouté la voix de tes
vrais amis ni connu l'heure de ta délivrance.

France, France, qui tues les prophètes du
peuple et qui lapides ceux qui te sont envoyés,
combien de fois nous avons voulu ramasser

tes enfants comme une poule qui ramasse ses petits sous ses ailes, et tu ne l'as pas voulu, France !

Jésus se voyant soutenu dans le moment par l'enthousiasme et le courroux du peuple en profita pour attaquer une aristocratie qui a pris dans notre civilisation moderne un si déplorable développement, l'aristocratie de la finance et du commerce.

« Ayant trouvé dans le temple des gens qui « y vendaient des bœufs, des brebis et des « colombes,

« Ayant trouvé aussi des changeurs,

« Il fit un fouet de corde, puis il chassa les « marchands hors du temple avec les brebis « et jeta par terre l'argent des changeurs et « renversa leur table,

« Et il dit à ceux qui vendaient des co-

« lombes : Otez cela d'ici, et ne faites pas de
« la maison de mon Père un marché! »

Oh! que ne pouvons-nous faire aussi, nous,
de notre parole un fouet sévère et déchirant

Qui chasse hors de la société, ce vrai temple de Dieu,

Tout ce honteux troupeau de boursiers, d'a-
gioteurs, de loups-cervier, d'agents de change,

Tout ce ramas de Juifs qui ont fait de la
société un marché, et de la ville de l'intelligence une caverne de voleurs !.

Otez cela d'ici! nous dirions à ceux qui éta-
lent avec orgueil leur argent et leurs mar-
chandises.

Et nous renverserions les tables chargées
d'or, et nous ferions sentir au dos de ces avares
la vengeance du pauvre peuple,

Et nous chasserions à coups de corde hors
de la société cet esprit d'intérêt et de trafic
qui la déshonore

Si, comme Christ, nous avions le bras soutenu par la force de notre mission et le courage des multitudes.

Frères, chassons tous ces vendeurs du temple de la société,

Car il est écrit que la société est une maison d'amour;

Et ils en ont fait une halle où chacun fond
sur la propriété comme sur une proie, et ex-
ploite le pauvre comme un vil bétail.

Jésus-Christ n'avait point ce caractère d'a-
gneau que les prêtres lui ont donné;

Il était « l'agneau du monde » en ce sens
qu'il portait en lui toutes les misères et toutes
les infirmités de la nature humaine,

Mais c'était en même temps un révolutionnaire qui venait sur la terre pour y exercer
un jugement.

« Il a le van dans la main, disait de lui par
« avance Jean-Baptiste; il nettoiera très-exac-
« tement son aire, il amassera son blé dans
« le grenier, mais il brûlera les pailles dans
« un feu qui ne s'éteindra plus. »

Jésus-Christ est venu diviser la société en
deux parts, ceux qui ont et ceux qui n'ont pas;

Il est venu purger le monde de cette paille inutile des grands qui dévorent le pur froment du peuple;

Il est venu vanner l'humanité pour en mettre la portion saine dans un grenier et jeter au feu celle qui est viciée;

Ce feu est celui des révolutions allumé par le Christ qui ne s'éteindra plus avant que toutes les aristocraties mauvaises n'aient disparu du monde.

C'est en ce sens que Jean-Baptiste ajoutait : « Celui-là vous baptisera dans le feu. »

Jésus-Christ est venu plonger le monde dans un baptême de flamme et de sang; il est venu commencer cette révolution terrible qui devait apporter la joie au cœur des esclaves et jeter le glaive sur la tête des maîtres.

Il ne veut ni transaction ni pitié; celui qui n'est pas avec lui est contre lui,

Et celui qui est contre lui sera jeté à la vengeance du peuple comme une branche morte, pour qu'il brûle.

Il y aura un choix et un jugement sévères:

« De deux hommes qui seront dans un « champ l'un sera pris, l'autre sera laissé;

« De deux femmes qui moudront au même « moulin, l'une sera prise, l'autre sera laissée;

« De deux personnes couchées dans le même
« lit, l'une sera prise, l'autre sera laissée; »

Et ceux et celles qui seront pris par la
main du peuple, leur seigneur, à une heure
inattendue, seront jetés dans une prison éternelle, « là où le ver des condamnés ne meurt
« pas. »

Révolutionnaires, enfants de Dieu, mes frères, vous qu'on humilie, vous qu'on outrage,
vous qu'on dépouille, vous qu'on jette nus
dans les prisons avec les prostituées et les forçats,

Vous que les hommes appellent devant leur
tribunal comme des malfaiteurs,

Il faut bien que je vous relève au nom de
Jésus-Christ, mon maître, et que je vous dise
de sa part de bonnes paroles :

« Vous êtes le sel de la terre! »

Vous avez quelquefois à la bouche des discours âcres et amers, mais vous êtes le sel, et si vous vous évanouissiez la société ne vous ayant plus pour la conserver ne serait que corruption et affadissement.

« Vous êtes la lumière du monde. »

On ne met pas la lumière sous un boisseau mais sur un chandelier, afin qu'elle luise aux yeux des hommes.

Ne vous laissez donc pas éteindre ni étouffer par les gouvernements sous la compression du boisseau;

Luisez malgré eux et en dépit de tout sur le chandelier!

« Vous êtes une ville située sur une haute
« montagne. »

Vous ne pouvez donc être cachés; les yeux des persécutés s'élèveront vers vous pour vous demander asile; les yeux des gouvernements s'élèveront vers vous pour vous assiéger.

Soyez fermes et tenez bon, car la victoire, à la fin, demeurera de votre côté.

Écoutez maintenant les conseils que le grand agitateur Jésus m'a dit de vous communiquer :

Allez vers les brebis perdues de la nation;

Aux lieux où vous irez, prêchez que la société nouvelle est proche;

Rendez la santé aux malades de cœur, ressuscitez les morts civils, guérissez ceux qui sont lépreux au moral, chassez l'esprit de servitude; vous avez reçu gratuitement, donnez gratuitement;

Ne possédez ni or ni argent, et ne portez aucune monnaie dans vos ceintures;

Votre pauvreté protestera contre les abus de la propriété.

Quand vous vous mettrez en chemin, n'ayez ni sac, ni double habit, ni souliers, ni bâton, car celui qui travaille mérite d'être nourri.

Vous serez d'abord nourris par vos frères avant de l'être, comme il convient, par l'État.

En quelque ville ou village que vous arriviez, informez-vous s'il y a quelqu'un qui soit digne de vous recevoir et demeurez chez lui tant que vous serez en ce lieu-là.

En entrant dans la maison saluez en disant : La paix soit dans cette maison !

Que si quelqu'un refuse de vous recevoir ou d'écouter vos paroles, sortez de la maison ou de la ville et secouez même la poussière de vos pieds.

Je vous dis, en vérité, qu'au jour du grand jugement des peuples le pays de Sodome et de Gomorrhe ne sera pas si rigoureusement puni que cette ville-là.

Je vous envoie comme des brebis au milieu des loups, car vous n'avez d'autres armes que celle de la parole et de la vérité, tandis que vous aurez affaire à des hommes armés et forts.

Soyez donc prudents comme des serpents et simples comme des colombes.

Gardez-vous des hommes, car ils vous livreront aux juges et vous mèneront devant les gouverneurs.

Quand ils vous persécuteront dans une ville fuyez dans une autre ; car je vous dis, en vérité, que la délivrance du peuple viendra avant que vous ayez passé par toutes les villes du royaume.

Ne vous offensez pas des paroles qu'on vous adressera ni des discours qu'on tiendra sur votre compte : « puisqu'ils ont nommé le Père « de famille Beelzébuth », à plus forte raison vous insulteront-ils, vous les disciples et les continuateurs du Christ.

Dites en plein jour ce que vous avez appris dans les ténèbres, et prêchez au haut des maisons ce que l'Évangile vous disait jusqu'ici à l'oreille,

Ne craignez point ceux qui peuvent vous faire mourir :

Ces gens-là ne peuvent tuer que votre corps, mais ils n'ont aucun pouvoir sur votre âme;

L'esprit restera pour réclamer, pour protester et pour crier vengeance!

Craignez plutôt cet esprit de servitude qui peut tuer l'esprit et le corps en les jetant l'un et l'autre dans l'enfer de l'ignorance et de l'abrutissement.

Voilà les avis du Christ, je les crois bons, ce sont ceux qu'il donnait aux apôtres; ces premiers révolutionnaires ont commencé par la propagande et la prédication une grande mission de délivrance que nous sommes appelés à terminer.

Allons donc comme eux, allons pieds nus, sans bâton et sans argent, allons en missionnaires de la liberté,

Allons annoncer aux peuples, par la parole, par la presse et par l'exemple,

Que le grand jour est proche et qu'il faut se tenir prêt, car il luira subitement comme l'éclair, car il viendra au moment où l'on s'y attend le moins, comme un voleur,

Jésus-Christ nous enseigne clairement la lutte des deux principes qui doit agiter les gouvernements;

Il y aura l'esprit de Dieu, c'est-à-dire un esprit de liberté, et l'esprit de Beelzébuth, c'est-à-dire un esprit de servitude, qui se combattront,

Mais il ajoute :

« Tout royaume qui est divisé contre lui-
« même sera détruit, et toute maison contre
« elle-même tombera en ruine. »

Pour mieux nous faire entendre encore de quel côté restera la victoire :

« Si c'est par le doigt de Dieu, poursuit-il,
« que je chasse l'esprit de servitude, la société
« de Dieu, la société libre est donc venue jus-
« qu'à vous. »

Cette victoire sera le fruit d'un combat à

outrance entre les anciens possesseurs et les nouveaux assaillants.

« Comment quelqu'un peut-il entrer dans « la maison d'un homme fort et lui ravir son « bien sans le lier premièrement?

« Tant que le fort armé garde l'entrée de « sa maison tout ce qu'il possède est en paix;

« Mais s'il en survient un autre plus fort « que lui qui le surmonte il emportera toutes « les armes dans lesquelles le premier mettait » sa confiance et il distribuera ses dépouilles. »

Cet homme armé a déjà apparu une fois à la porte des palais et des maisons des puissants,

Une fois déjà il a surmonté les anciens maîtres et il est entré de vive force dans la maison, il a emporté toutes les armes dans lesquelles l'ancien pouvoir mettait sa confiance, et il a distribué les dépouilles du riche.

Cet homme armé s'appelle le peuple, cette maison est l'État, le maître de la maison est le parti des puissants et des forts qui gardent la porte et qui en défendent l'entrée.

Si un plus fort qu'eux survient, il les liera et les terrassera,

Puis il emportera les armes dans lesquelles

les maîtres mettaient leur espoir, et il parta-
gera leurs biens.

⟶⟶⟶

Cette surprise à main armée n'est point une
spoliation injuste et criante, c'est au contraire
un acte équitable qui doit remettre les biens
de la société aux mains des légitimes possesseurs.

Écoutez à ce propos ce que vous dit Jésus-
Christ :

« Un père de famille planta une vigne. »

Nous avons eu plusieurs fois occasion de voir
que par ce mot de père de famille Jésus entend désigner Dieu, père de famille de l'humanité, et le peuple, qui représente Dieu sur
la terre.

« Il la renferma d'une haie, et creusant la
« terre il y fit un pressoir et y bâtit une tour,

« et après avoir affermé la vigne à des vigne-
« rons il s'en alla. »

Cette vigne est la société avec tous ses biens,
avec son pressoir qui représente l'usage des
impôts, avec sa tour qui est le signe de la force ;
les vignerons auxquels la vigne a été affermée sont les rois, les grands, les hommes en
place ;

« Lorsque le temps des vendanges s'appro-
« chait, il envoya ses serviteurs vers les vignerons pour en recevoir le fruit de sa vigne. »

Le peuple, tout en remettant l'autorité aux
mains des gouvernants et la propriété, ne s'est
point pour cela démuni de ses droits ; il n'en
reste pas moins le maître de la vigne.

Il envoya au temps de la vendange, c'est-
à-dire lorsque les destinées de la nation eurent
mûri, des serviteurs révolutionnaires pour recevoir l'usufruit des pouvoirs et des biens que
le peuple avait confiés aux seigneurs et aux
riches.

« Mais les vignerons s'étant saisis d'eux
« battirent les uns, lapidèrent les autres et en
» tuèrent plusieurs.

« Il y envoya de nouveau d'autres serviteurs
« en plus grand nombre que la première fois,
« et ils en reçurent le même traitement. »

C'est en effet par le glaive et à coups de pierre que les pouvoirs constitués accueillirent les premières réclamations des représentants du peuple.

« Enfin il leur envoya son fils ; car il dit : « Ils respecteront mon fils. »

Ce fils des peuples est le peuple dé France qui s'est présenté en armes devant tous les rois et tous les seigneurs du monde auxquels avait été affermée la puissance.

« Mais les vignerons voyant le fils de leur
« maître dirent en eux-mêmes : C'est ici l'hé-
« ritier : venez, tuons-le; nous serons les maî-
« tres de son héritage. »

Venez, tuons la France, disent les rois de l'Europe, et nous serons les maîtres de l'héritage des peuples !

« Et s'étant saisis de lui ils le chassèrent
« hors de la vigne et le tuèrent. »

Écoutez maintenant la suite : « Lors donc
« que le seigneur de la vigne sera venu, que
« fera-t-il à ces vignerons ? »

« Il exterminera ces méchants, et il passera
« la vigne à d'autres vignerons qui lui en ren-
« dront les fruits en leur saison. »

Voilà toute l'histoire de ce qui doit arriver au monde.

Les révolutions sont le retour du peuple dans ses domaines, le retour de Dieu.

Il exterminera les maîtres qui auront mal administré son bien, ceux qui auront mangé le raisin de sa vigne et foulé les grappes dans son pressoir sans lui en faire partager le fruit;

Il les détruira par le fer comme des assassins et des voleurs;

Il reprendra sa vigne, c'est-à-dire la propriété et la puissance, pour l'affermer désormais en des mains plus pures qui ne garderont pas tout le produit, mais qui feront au contraire entrer le peuple en participation de la souveraineté et de l'abondance.

L'aspect de l'Europe nous présente aujourd'hui ce grand combat des peuples qui veulent rentrer dans leurs possessions et exterminer les anciens fermiers injustes de la puissance.

Jésus-Christ nous apprend que cette reprise à main armée des droits du peuple ne se fera pas sans de longs combats et sans des alterna- tives douteuses.

Les peuples délivrés auront des rechutes dans la servitude.

La France, émancipée un instant, sera reprise par le démon ancien de la puissance.

L'esprit impur de servitude sorti de la na- tion s'en alla un jour au loin par les lieux ari- des, cherchant du repos; mais n'en trouvant point il dit : « Je retournerai dans ma maison dont je suis sorti. »

Et lorsqu'il y revint il la trouva nettoyée par le balai des révolutions.

Alors il s'en alla prendre avec lui sept au- tres démons plus méchants que lui, c'est-à- dire sept autres rois qui forcèrent de nouveau l'entrée de la maison et qui y établirent leur demeure.

Et le dernier état de cette nation devint pire que le premier.

Elle gémira dans cet état, le dos courbé sous un esprit de servitude, au point de ne pouvoir même regarder le ciel,

Comme cette vieille femme de l'Évangile qui marchait ployée en deux,

Jusqu'à ce que Jésus lui dise aussi :

« Femme, je vous délivre ; redressez-vous !

⸻ ⚬❦⚬ ⸻

Le retour du maître dans sa vigne, du Peuple-Roi dans son palais, aura lieu subitement et au moment où l'on ne s'y attendra pas.

« Heureux sont les serviteurs que le maître,
« à son retour, trouvera veillant, les reins
« ceints et une lampe allumée dans la main !

« Je vous dis, en vérité, qu'il se ceindra, qu'il
« les fera mettre à table et qu'il ira et vien-
« dra pour les servir ;

« Que s'il arrive à la seconde veille ou qu'il
« vienne à la troisième, ces serviteurs sont
« heureux s'il les trouve dans cet état ;

« Je vous déclare que si un père de famille
« savait à quelle heure un voleur doit venir,
« il ne manquerait pas de veiller, et il ne lais-
« serait point faire d'ouverture à sa maison ;

« De même, tenez-vous prêts, parce que
« le Fils de l'Homme viendra à une heure que
« vous ne pensez pas ! »

Veillons donc, frères, veillons les reins ceints
pour le combat, et, la lampe de l'amour allumée dans notre main, veillons dans la nuit
que les astres de la société ont faite en s'étei-
gnant ; .

Veillons et tenons-nous prêts, car Jésus
nous l'a répété déjà plusieurs fois, le Fils de
l'Homme, c'est-à-dire le peuple, viendra
comme un voleur à une heure inattendue;

Il viendra armé, *vir armatus;*

Il viendra, comme un maître, mettre l'ordre dans la maison et jeter dehors ceux qui
auront mal administré ses affaires;

Il viendra arracher tous les pouvoirs qui donnent de mauvais fruits;

Il viendra dire au gouvernement stérile
comme au figuier : « Coupez-le donc ! Pour-
« quoi faut-il qu'il occupe la terre plus long-
« temps? »

Il viendra battre de coups les serviteurs en
place qui n'auront point rempli ses volontés.

Plus les pouvoirs confiés auront été grands,
plus le châtiment sera sévère :

« On demandera plus à chacun selon qu'il

« aura plus reçu, et l'on fera rendre un plus
« grand compte à celui auquel on aura com-
« mis plus de choses. »

⸻●⸻

Jésus aime les forts, les violents, les hommes armés,

Ceux qui marchent sur les flots soulevés des
peuples, au milieu du vent des révolutions et
de l'orage des partis sans perdre cœur;

Ceux qui font assaut pour entrer dans la société à venir, *omnis in illud vim facit;*

Mais tout en aimant ces agitateurs et ces
belliqueux, il n'oublie pas les contemplatifs,
les penseurs, les poëtes qui auront servi dans
le silence et le recueillement au progrès de
l'humanité.

Ces deux natures de révolutionnaires sont
figurées dans l'Évangile par deux femmes,
Marthe et Marie sa sœur,;

L'une qui s'emploie avec ardeur aux soins de la maison,

L'autre qui demeure aux pieds de **Jésus** à écouter sa parole dans le recueillement **du** cœur.

Or comme celle qui s'agitait et s'empressait au service du Fils de l'Homme voulait lui faire remarquer que sa sœur la laissait faire toute seule,

Jésus la reprit en disant que **Marie** avait choisi la meilleure part.

Ce ne seront pas en effet toujours ceux qui se seront le plus tourmentés en tous sens pour mettre le mouvement dans l'État qui auront le plus servi à l'humanité ;

Ce seront souvent ces natures calmes et douces qui, attentives de cœur aux grandes révolutions de l'avenir, se tiennent en silence, aux pieds de l'humanité,

A écouter les voix mystérieuses qui sortent des événements, à réfléchir et à aimer.

Ne méprisez donc rien, mes frères ;

Ne méprisez ni les petits, ni les faibles, ni les oisifs, « car leur ange (c'est-à-dire « leur pensée) voit dans le ciel la face de « Dieu ! »

Ne méprisez pas vos femmes, ni vos sœurs,

de ce qu'elles ne peuvent se mêler avec vous aux durs travaux des révolutions :

Une âme qui pense, ou un cœur qui aime, avance souvent plus le monde vers la liberté que les entreprises à main armée des vaillants et des forts.

Ne méprisez rien, je vous le répète ; rattachez à la grande cause de l'émancipation toutes les natures, toutes les tendances, toutes les facultés humaines ;

Rattachez-y toutes les opinions qui militent et qui protestent, quand même elles ne seraient pas tout à fait la vôtre ;

Rattachez-y les opposants de toutes les nuances et de toutes les couleurs, tous ceux qui veulent chasser de la société le démon actuel de la servitude ;

Car c'est encore Jésus qui vous le dit : « Qui- « conque n'est pas contre vous est pour vous ! »

Nous allons maintenant raconter la fin de la vie de Jésus.

Nous y trouverons l'image de tout ce qui doit arriver au peuple ; car, nous le répétons, Christ est la forme populaire de l'humanité.

Toute sa conduite avait été une négation perpétuelle de la noblesse dans la personne des scribes et des docteurs, de la propriété dans la personne des marchands;

Il avait démasqué les uns et fustigé les autres ; une partie de la nation le haïssait.

Jésus, l'ouvrier de la ville de Nazareth, avait contre lui toutes les classes puissantes :

Aux yeux des princes des prêtres qui tenaient la tête de l'aristocratie juive, c'était un impie et un hérétique.

L'Église des Juifs prohibait l'usage de certaines viandes.

Or, Jésus venait dire : « Ce n'est point ce « qui entre dans la bouche qui souille l'homme: « mangez ce que l'on vous présente. »

L'Église des Juifs commandait des jeûnes:

Or Jésus venait dire : « Les amis de l'é- « poux ne jeûnent point tant que l'époux est « avec eux. »

Et il buvait et mangeait avec ses disciples.

L'Église des Juifs ordonnait de s'abstenir le

jour du sabbat, de toute œuvre des mains,

Et Jésus disait : « Le *Fils de l'Homme* (c'est-
« à-dire l'humanité) est au-dessus du sabbat,
« *Dominus est etiam sabbati.* »

Les prêtres le détestaient donc et voulaient
le faire mourir ;

Les chefs le regardaient comme un perturbateur qui leur aliénait le peuple pour l'entraî-
ner à sa suite, comme un rebelle qui résistait à
l'autorité de la loi, comme un révolutionnaire
qui voulait changer les institutions du pays.

En effet, il parlait à chaque instant de dé-
molir le temple et de le reconstruire, ce que
les grands et les princes du peuple n'entendaient pas seulement du temple, comme ils
l'avouèrent par la suite, mais de toute la société ;

Il parlait de mettre du vin nouveau dans de
nouvelles outres, ce que les scribes et les docteurs de la loi comprenaient bien de nouvelles
institutions dans lesquelles il voulait déposer
sa doctrine ;

Il parlait de refaire un habit à neuf au lieu
d'y coudre des pièces, ce que les pharisiens,
qui n'étaient point des sots, interprétaient fort
bien d'une forme neuve de gouvernement dont
il voulait revêtir et envelopper la nation.

La société nouvelle qu'il prêchait, et où les pauvres, les publicains, les proscrits devaient être admis au premier rang, était nécessairement subversive de l'ancienne société, fondée sur l'aristocratie de la richesse et de la naissance.

Mais les vues révolutionnaires du Christ ne s'arrêtaient point à la Judée :

S'il parlait spécialement de la maison d'Israël, c'est que c'était son pays,

Et que Jésus, comme toutes les grandes âmes, avait le sentiment national ;

Mais il ajoutait en même temps « qu'il avait « d'autres brebis qui n'étaient point de ce ber- « cail, qu'il les amènerait, et qu'elles ne fe- « raient toutes ensemble qu'un même trou- « peau. »

Le grand troupeau de l'humanité.

Jésus, dans les menaces qu'il adressait à Jérusalem, comprenait toutes les autres sociétés qui devaient également être démolies ou tomber en ruine.

Sa doctrine était un levain d'insurrection déposé au sein de la Judée contre toutes les puissances de la terre : c'est ce que comprirent les princes des prêtres et les pharisiens lorsque, tenant conseil entre eux contre Jésus,

« Si nous le laissons agir, opinèrent-ils, tout
« le monde croira en lui, et les Romains vien-
« dront et ils détruiront notre ville. »

Frères, c'est encore l'argument dont on se
sert contre nous pour amortir notre énergie
et retarder le mouvement de la nation.

Si nous laissons agir les citoyens généreux
qui veulent la liberté, disent les gens du pouvoir, tout le monde croira en eux, ils voudront
étendre au loin la propagation de leurs idées,
et les étrangers viendront et ils détruiront notre ville.

Puis, satisfaits de leur lâche raisonnement,
ils concluent, comme autrefois les Juifs envers
Jésus, à ce que le peuple français soit crucifié.

En ces jours-là Lazare étant mort et ayant
ressuscité, les princes des Juifs s'assemblèrent

; aussi et tinrent conseil pour le faire mourir
; derechef,

« Parce qu'il était cause que plusieurs se re-
« tiraient d'avec eux et croyaient à Jésus. »

En ces jours-ci les princes des peuples s'as-
; semblent et tiennent conseil en disant :

Nous avons déjà tué la France à Waterloo,
mais voici qu'elle ressuscite;

Tuons-la donc de nouveau, car autrement
tous les peuples de la terre croiront en elle et
ils se retiront d'avec nous.

Et cela dit, ces dévorateurs de peuples, in-
sensibles qu'ils sont au miracle, ne guettent
plus que l'occasion de surprendre la France
pour la *retuer* perfidement dans l'ombre.

Le conseil tenu contre Jésus était composé
de ce que nous nommons chez nous des *conser-*
vateurs.

C'étaient des princes des prêtres, des scribes, des anciens du peuple; ils formaient, réunis, le sanhédrin, à peu près notre Chambre des pairs.

Ils délibérèrent entre eux sur Jésus le séditieux, et, après divers discours prononcés par les membres du conseil et par Caïphe lui-même, qui, en sa qualité de grand-prêtre, présidait l'assemblée, il fut décrété qu'on le mettrait en état d'arrestation.

Une prise de corps fut donc lancée sur Jésus par des motifs tout politiques.

Cet homme était odieux aux grands, qu'il accusait de charger de lourds fardeaux le pauvre peuple; aux riches, qu'il menaçait d'exclure de la société; aux docteurs, dont il condamnait la fausse science.

Ce fut pour eux une occasion de vengeance qu'ils ne laissèrent pas échapper.

Les membres du conseil cachèrent ces intentions sous le masque du bien public; ils appliquèrent à Jésus ce raisonnement de tous les conservateurs contre les hommes de progrès :

« Il faut mieux qu'un seul homme meure
« pour que toute notre nation ne périsse pas. »

Et cette sagesse égoïste des grands aboutit à l'arrestation de l'Homme-Dieu.

―o‑◉‑o―

Ainsi la principale cause qui présida au mandat lancé contre Jésus fut la crainte de l'étranger,

Crainte que subissent dans tous les temps les hommes riches dont les biens considérables souffriraient engagés dans les hasards d'une guerre,

Crainte niaise et perfide dont se servent de tout temps les puissants pour effrayer le peuple et le maintenir.

Si vous laissez arriver l'opposition aux affaires, lui disent-ils de nos jours, l'étranger viendra et il envahira de nouveau la France.

Cela dit, nos anciens du peuple et nos pharisiens vont courber le dos devant les Césars et la sainte-alliance;

Car ces tyrans du peuple sont les plus vils et

les plus lâches esclaves quand il s'agit de leur conservation.

Au reste, la crainte de la ruine de la nation n'est qu'un prétexte qu'ils mettent en avant pour couvrir leurs projets d'oppression et d'envahissement.

Si vous ne nous laissez fortifier Paris, s'écrient-ils, les Russes vont venir et ils détruiront notre ville !

Et, profitant de la terreur que ce fantôme ridicule d'invasion jette sur les esprits faibles,

Il faut mieux, concluent-ils avec les princes des Juifs, que la liberté meure et que notre gouvernement ne périsse pas.

Or Jésus représentait l'opposition de son temps,

L'opposition de la misère contre la richesse,

L'opposition du faible contre le fort,

L'opposition de l'esclave contre le maître,

L'opposition du peuple contre l'aristocratie,

L'opposition de la nation contre l'étranger.

On comprendra maintenant qu'il fut en haine aux conservateurs, aux privilégiés, aux titulaires, à tous les hommes en un mot qui sacrifient le bien de leurs frères et l'honneur national en présence de leur intérêt personnel.

Quelques tentatives d'arrestation avaient été faites, comme nous l'avons vu, contre la personne de Jésus-Christ, mais à chaque fois que les grands avaient voulu mettre la main sur lui ils avaient reculé devant la crainte d'une émeute,

Car le peuple aimait Jésus.

Ils eurent recours alors à tous ces moyens ténébreux et perfides dont se servent encore de nos jours les gouvernements contre les révolutionnaires.

On lui envoya des *agents provocateurs* [1], ainsi que notre police en glisse dans les ateliers et les lieux publics :

« Comme ils ne cherchaient que les occa- « sions de le perdre, dit l'Évangile, ils lui en-

[1] Vulgairement nommés *mouchards*.

« voyèrent des personnes apostées qui contre-
« faisaient les gens de bien pour le surprendre
« dans ses paroles afin de le livrer aux magis-
« trats et au pouvoir du gouverneur. »

Voyant que la sagacité de Jésus déjouait
tous ces piéges, enhardis par le spécieux argument du chef du conseil, les magistrats décré-
tèrent enfin l'arrestation du factieux.

Si le peuple, pensaient-ils, nous demande
compte de notre conduite, nous lui répondrons
que cet homme est dangereux pour la nation
et qu'il provoque la guerre.

Un décret de prise de corps fut donc rendu,
séance tenante, contre Jésus;

Et comme si cette violence ne suffisait pas
à la haine des Juifs *conservateurs* ils donnèrent
ordre

« Que si quelqu'un savait où Jésus était il
« l'indiquât pour que les agents s'emparassent
« de lui. »

Violation du domicile, système de délation et d'espionnage, en un mot toutes les
armes les plus viles dont se servent les gouvernements furent donc mis en usage contre
Jésus.

Tout homme connaissant la retraite de Jésus, fils de Marie,

De ce prophète du peuple qui n'avait point
où reposer sa tête,

Fut sommé de venir la révéler au sanhédrin,

A peu près comme de nos jours un ministère
sans pudeur ordonnait aux médecins, après
une émeute, de lui livrer le secret de la retraite
des blessés.

La sentence contre Jésus fut donc publiée
à haute voix.

Il est probable, comme nous le verrons tout
à l'heure par la conduite de Judas, qu'un prix
était attaché à la délation.

A celui donc qui apportera aux chefs, aux
riches, aux grands, aux prêtres et aux anciens
de la Judée la tête du révolutionnaire Jésus,
de la part du grand sanhédrin, salaire et récompense!

Jésus se cacha.
Trop faible pour tenir tête aux entreprises

des chefs de la nation, il prit, comme tous les
hommes prématurés qui luttent contre un
pouvoir supérieur, le parti de la retraite.

Le temps des fêtes de Pâques étant venu, il
ne se rendit pas à Jérusalem avec les autres
Juifs.

Cependant, soit que les poursuites exercées
contre lui par le sanhédrin se fussent calmées,
soit que le peuple lui offrît un rempart suffi-
sant contre une main-mise de la part des magistrats, il se rendit en secret, quelques jours
après, à Jérusalem, où il ne tarda pas même à
se remontrer dans le temple,

Ce qui excita la surprise des multitudes.

« Voilà, se dirent les Juifs entre eux, que
« les chefs de la nation le cherchaient pour le
« faire mourir, et que maintenant il se pro-
« mène librement dans la ville sans qu'on lui
« fasse aucun mal ! »

Et ils s'étonnaient.

Comme tous les grands émancipateurs qui
viennent mettre le monde en liberté, Jésus
trouvait de l'écho pour sa doctrine dans le
cœur des opprimés, des petits, des esclaves,
des souffrants, des calomniés;

Il était fort de toutes les faiblesses du
peuple.

Les enfants, les femmes, les fous, les malades lui savaient gré de vouloir délivrer ce qui avait péri, *salvare quod perierat*.

Les pauvres aimaient Jésus parce qu'il leur ressemblait : il était errant comme eux, dénué et sans gîte ; il souffrait de la faim et des intempéries de l'air.

Les publicains, les ivrognes, les malfaiteurs tenaient pour Jésus parce qu'il mangeait avec eux et s'associait à leur réprobation.

Les prolétaires lui savaient gré d'être le fils d'un ouvrier comme eux et d'avoir dit plusieurs fois que les riches n'étaient que les économes du bien public.

Enfin tous ceux qui avaient péché, souffert ou combattu lui faisaient rempart de leurs misères et de leur abandon.

Aussi le grand conseil avait-il incliné pour qu'on se saisît de Jésus par dol, *ut Jesum dolo traderent*.

Or Jésus n'en continuait pas moins, en face de ce mandat d'arrestation pendant sur sa tête, de frapper dans ses discours l'autorité et d'affirmer sa doctrine toute démocratique.

« Vous serez surpris, répétait-il encore une
« fois, de voir que ceux qui étaient les derniers

« seront les premiers, et que les premiers se-
« ront les derniers. »

Car la société se retournera.

Or il y avait là beaucoup de peuple qui l'é-
coutait.

« Ce jour-là même, ajoute le texte, qu'il di-
« sait ces choses il vint quelques pharisiens
« qui lui dirent : Retirez-vous d'ici parce que
« Hérode veut vous faire mourir.»

La liaison entre les paroles de Jésus et l'avis
que lui donnent les pharisiens de se retirer
montre assez que les Juifs entendaient ces paroles dans le sens politique;

Ils y voyaient l'annonce d'un renversement
social qui devait changer entièrement la position des choses et des hommes.

Alors, feignant de s'intéresser à Jésus, ces
pharisiens lui donnèrent le conseil mielleux

de se soustraire par la fuite et le silence aux poursuites d'Hérode.

Ces sortes d'avis sont les moyens hypocrites dont se servent les gouvernements pour gagner les défenseurs du peuple ou pour les décider au silence en les intimidant.

Quant à l'intervention du roi Hérode en cet affaire, c'est un fait nouveau qui mérite d'être apprécié.

La royauté chez les Juifs était tout à fait redoutable sur certains points et fort désarmée sur d'autres ; elle avait droit de vie et de mort en plusieurs cas, ainsi que nous le voyons dans la mort de Jean-Baptiste, dont la tête fut coupée et mise en un plat, pour satisfaire le bon plaisir d'une courtisane qui avait élégamment *sauté* devant le roi.

Mais cette autorité si absolue était retenue en tout ce qui regardait les intérêts de l'aristocratie par les liens et les gênes d'une caste puissante qui en modérait à son gré l'exercice.

Il est probable que la délibération du grand conseil était montée jusqu'aux oreilles du roi qui l'avait lui-même consentie, soit par crainte des grands, soit par haine de Jésus.

Les pharisiens, c'est-à-dire les aristocrates

juifs, envoyés peut-être par le sanhédrin, mettent ici leurs desseins et la délibération du
grand conseil à couvert derrière l'autorité
souveraine : « Hérode le roi, disent-ils à Jé-
« sus, cherche à vous faire mourir. »

Peut-être espéraient-ils que cette fermeté
révolutionnaire que rien n'avait pu jusque-là
assouplir fléchirait enfin devant la majesté
d'Hérode.

Il n'en fut rien ; l'intraitable démagogue
n'eut pas pour le roi de paroles plus douces
que pour les autres chefs de la nation :

« Allez dire à votre renard que je suis ici
« chassant les démons et achevant de guérir
« aujourd'hui et demain, et qu'au troisième
« jour ma consommation viendra. »

A cette réponse si fière et si séditieuse
qui ne se rappelle ici involontairement les
paroles de Mirabeau : *Allez dire à votre maî-*
tre....

Jésus appelle le roi Hérode un *renard*, sans
doute parce que c'était un de ces princes
rusés qui s'embusquent aux angles des buissons pour recevoir les pouvoirs tombés du bec
de leurs voisins les corbeaux,

Un de ces rois qui trompent le peuple par
des dehors de *bonhomie*, de bienveillance et de

familiarité ; mais ce ne sont que des moyens pour mieux le surprendre et l'étrangler.

Ils viennent vers les peuples sous des dehors de brebis, mais au fond ce sont des loups ra-paces, *sunt lupi rapaces*.

Tout en regardant le décret du sanhédrin comme monstrueux en tant qu'il frappait un défenseur du peuple, nous ne partageons pas cependant l'opinion émise par un de nos avo-cats ¹ que l'arrestation de Jésus fut injuste, en ce sens qu'elle allât contre les lois du pays.

Nous nous avançons même plus loin, et nous disons que tout autre gouvernement en eût fait autant que celui de la Judée.

Dans toutes les sociétés anciennes nous trouvons des lois sévères et toutes prêtes con-

¹ *Jésus devant Caïphe et Pilate,* par M. Dupin aîné.

tre le crime de rébellion morale, crime sublime dont le Fils de Dieu s'était évidemment
rendu coupable en prêchant la réforme des
institutions et le renversement des pouvoirs
établis.

Notre gouvernement se pique maintenant
en France d'être libéral et tolérant : or, nous
le demandons, comment traiterait-il un
homme qui monterait dans la rue sur une
borne ou sur les marches des églises et qui
ouvrirait publiquement la bouche en disant :

Les premiers vont être les derniers et les
derniers les premiers ;

Je vous apporte le glaive ;

Vos riches sont des chameaux qui n'entreront pas dans la société future ;

Vos chefs sont des serpents qui seront jetés
dans le feu ;

Vos administrateurs sont des larrons et des
voleurs publics, *hic est fur et latro;*

Vous êtes tous égaux ;

N'appelez pas votre roi sire, ni votre pape
saint-père,

Car vous n'avez qu'un maître, qui est Dieu ;
vous n'avez qu'un Père, qui est au ciel ;

Vous êtes tous frères.

Et si l'on venait pour l'arrêter au nom du roi, qu'il répondît :

« Allez dire à votre roi que je n'ai que faire
« de ses menaces ! j'accomplis ma mission au-
« jourd'hui et demain, et le troisième jour je
« mourrai. »

Je vous le demande encore une fois, comment traiteriez-vous cet homme?

Voyons, répondez-nous franchement?

Vous l'arrêteriez.

Or Jésus faisait toutes choses.

Maintenant, hommes du pouvoir, n'allez plus à certains jours chanter dans les cathédrales vos *Te Deum*;

Ne saluez plus nos autels où réside, selon la foi, l'Homme-Dieu sous un voile;

N'envoyez plus vos femmes ni vos enfants à la messe;

Cessez ces agenouillements dérisoires et ces respects hypocrites;

Car ce même Dieu que vous adorez à genoux dans nos temples vous l'auriez, s'il eût vécu de nos jours, fait prendre au collet par deux sergents de ville!

Avant de mourir Jésus voulut donner aux siens un dernier signe d'égalité.

« Il se leva de table, quitta ses habits, et
« ayant pris un linge il s'en ceignit ;

« Ensuite, il mit de l'eau dans un bassin, et
« commença à laver les pieds de ses disciples
« et à les essuyer avec le linge dont il était
« ceint.

« Après donc qu'il eut lavé les pieds et qu'il
« eut reprit ses habits, s'étant remis, il leur
« dit : Savez-vous ce que je viens de vous faire ?

« Vous m'appelez votre Maître et votre Sei-
« gneur, et vous dites bien, car je le suis :

« Si donc je vous ai lavé les pieds, moi qui
« suis votre Maître et votre Seigneur, vous de-
« vez aussi vous laver les pieds les uns les au-
« tres ;

« Car je vous ai donné l'exemple, afin que

« vous fassiez la même chose que j'ai faite en-
« vers vous. »

Jésus ne prétendait pas seulement instituer
ici une vaine cérémonie dont l'usage rappelait
du moins, une fois l'an, aux prélats et aux
rois l'esprit de l'Évangile,

Il a voulu que cette pratique de l'égalité s'é-
tendît à toutes les actions de la vie.

S'il a choisi celle du lavement des pieds, c'est
que de toutes les fonctions c'est la plus répu-
gnante et la plus basse.

Il a prétendu que cette égalité atteignît tous
les hommes, *lavate pedes alterutrum.*

Et si l'Évangile témoigne qu'il voulut leur
donner en cela un dernier enseignement d'a-
mour, c'est que l'amour est le père de l'égalité;
c'est lui qui nous fait prendre naturellement
et sans répugnance le niveau des autres
hommes.

« Il quitta ses habits, dit l'Évangile, »

Ces vêtements de la Pâque étaient une robe
sans manches, ornée d'une frange couleur de
jacinthe, relevée d'une ceinture magnifique,
avec des souliers extraordinaires, un bandeau
sur le front et un ornement d'or pendu au bras
gauche;

C'étaient les insignes que le père de famille

ou le chef de maison portait à table le jour où l'on mangeait l'agneau.

Jésus se dépouilla donc de la préséance comme d'un manteau pour descendre sans transition du rôle de chef à celui de valet,

Afin d'établir cette vérité toute nouvelle et bien insolite dans le monde,

Que le maître n'est que le serviteur des autres hommes.

Jésus lavant les pieds de ses disciples nous montre encore que les hommes, fils de Dieu, ne doivent pas rougir de descendre pour leurs frères aux fonctions les plus simples et les plus domestiques,

Parce que tout est grand qui se rapporte au service de l'humanité.

Jésus s'étant remis à table avec ses disciples leur dit :

« J'ai désiré du désir manger cette pâque
« avec vous. »

Ce désir était un désir du cœur; le jeudi-
saint est le jour où l'amour humain a trouvé
son rêve.

« Pendant qu'ils soupaient, Jésus prit du
« pain qu'il bénit, et il le rompit, et il le donna
« à ses disciples en disant : Prenez et mangez;
« ceci est mon corps!

« Et après qu'il eut prit le calice et qu'il
« eut rendu grâce, il le leur passa en disant :
« Buvez-en tous,

« Car ceci est mon sang, le sang qui sera
« répandu pour plusieurs.

« Faites ceci en mémoire de moi. »

Nous avons dit ailleurs ce qu'il fallait pen-
ser, au point de vue social, de la communion.

Comme mythe c'est la participation aux
mêmes idées et aux mêmes sentiments,

Comme fait c'est le repas *unitaire* substitué
au repas libre des anciens.

L'unité de nourriture et de boisson comme
signe de la communauté et de l'égalité humaine, voilà le sens profond caché dans ce
banquet, dans cette pâque mangée en commun et solennellement, la veille de la mort du
Christ.

«Distribuez-les entre vous, *dividite inter vos,* » dit Jésus à ses disciples en leur passant le pain et la coupe;

Voilà la communauté :

« Après leur avoir lavé les pieds, comme un « serviteur, dit l'Évangile, il se remit à table « avec eux. »

Voilà l'égalité.

Jésus a voulu instituer surtout la société nouvelle à table, là où tous les convives se touchent côte à côte, où la participation au même acte et aux mêmes mets amène peu à peu la familiarité.

Il les a fait communier dans sa personne à l'humanité sous les espèces du pain et du vin,

De sa chair et de son sang,

Ajoutant que ce sang était « celui de la nou- « velle loi » qui allait être répandu « pour la « liberté du monde. »

C'est donc surtout à l'humanité militante et sacrifiée que Jésus a voulu nous faire commu- nier,

C'est à la passion des peuples,

C'est à leur sang versé, *hic est sanguis,*

C'est à la liberté, *redemptionem pro multis.*

Il a voulu que dans le vin du calice l'homme bût l'humanité qui souffre et qui saigne;

Afin que « par la mémoire souvent répétée « de ce sacrifice, *hoc in memoriam,* » et de cette passion incessante, nous remontions tous enfin, un jour, à l'affranchissement et à la vie.

« Celui qui mangera vivra en moi. »

C'est encore cette communion au sacrifice continuel et sanglant des peuples que Jésus-Christ entendait instituer quand il disait :

« Ma chair est vraiment nourriture, et mon « sang est vraiment breuvage. »

Nous buvons et mangeons en progrès la chair et le sang de tous les martyrs de l'humanité.

On se souvient que l'ordre de traduire Jésus en justice et de dénoncer le lieu de sa retraite avait été proclamé ;

Il paraît que cet ordre rencontra dans la nation juive peu de citoyens décidés à s'y soumettre, puisque, comme nous l'avons vu, Jésus n'en continua pas moins de vivre sans beaucoup de secret avec ses disciples.

Il se trouva cependant une âme lâche et vénale :

Judas Iscariote est son nom.

Apôtre de Jésus-Christ, cet homme vivait dans la familiarité du maître.

Il assistait même à la cène, où il mangea et but avec les autres apôtres.

Comme il avait le goût de la propriété, *quia fur erat*,

Il s'était chargé de garder la bourse commune.

Pendant la cène, Jésus le désigna clairement comme le traître qui devait livrer le Fils de l'homme.

Ce qui n'empêcha pas Judas de persévérer dans son dessein ;

— Celui qui met la main pour moi maintenant dans mes affaires, dit le peuple, me trahira ;

Ce qui n'empêche pas nos traîtres de se lever de table pour aller vendre la nation à l'étranger.

Judas se leva donc au milieu de la cène et sortit.

Or il était nuit.

Il s'en alla trouver les magistrats qui avaient mis à prix la tête de Jésus, et il proposa de souscrire un pacte avec eux.

« Que voulez-vous me donner ? leur dit-il, et « je vous le livrerai. »

Les magistrats promirent trente pièces d'argent,

Et ils pactisèrent ensemble.

Dans Judas Iscariote étaient contenus tous les traîtres qui, par amour du gain, ont forfait depuis à leur conscience;

Dans Judas était ce juif qui vendit une femme, pour quelques pièces d'or.

Dans Judas étaient ces rhéteurs avides qui, après avoir séduit la jeunesse, vont trouver les autorités et leur disent: Combien me donnez-vous ? et je vous la livrerai, *et ego vobis tradam;*

Dans Judas étaient tous les écrivains du peuple qui, après l'avoir servi quelque temps, vont passer un pacte avec ses ennemis et signer une œuvre de sang.

Pour ce qui est du peuple, il s'en va, selon que l'Écriture a dit de lui, vers ses destinées.

Mais malheur à ces hommes par qui le peuple a été trahi ! c'eût été un avantage pour eux s'ils n'étaient jamais nés,

Ou si leur mère avait attaché à leur cou, quand ils vinrent au monde, une meule de moulin pour les précipiter au fond de la mer.

Dans Judas étaient encore ces ministres perfides qui encouragent les peuples du dehors à se soulever,

Puis qui, abandonnant tout à coup la grande cause de l'humanité,

Vont tendre la main aux puissances du Nord et leur disent :

Nous pourrions défendre la Pologne, nous pourrions défendre l'Italie, nous pourrions défendre l'Égypte, mais soutenez-nous et nous vous les abandonnons, *et ego vobis tradam !*

Alors se signent dans l'ombre des pactes monstrueux dont le prix est le prix du sang,

Le sang des peuples égorgés dans les murs de Varsovie, d'Ancône, de Beyrouth qui fume encore et qui crie vengeance !

Il est impossible de condamner la police et le désir immodéré du lucre plus que la condamne ici, en fait, la Providence dans la conduite des Juifs et dans celle de Judas;

Et l'on ne comprend pas trop, en vérité, comment des sociétés qui se disent chrétiennes ont pu établir leur fondement sur l'argent, qui servit à vendre et à livrer leur Dieu.

C'est encore, au reste, le même moyen dont le pouvoir fait usage vis-à-vis des écrivains et des députés du peuple.

Il pactise avec eux, *et pactum fecerunt:*

A celui-ci trente pièces d'argent,

A celui-là cinquante,

A chacun, selon ses moyens, ses influences ou ses prétentions, une somme plus ou moins considérable,

A tous la corruption et la honte.

Il passe traité avec eux, et le sujet de ce traité est le pauvre peuple vendu, livré, trahi, saisi de nuit sur la montagne.

Si les judas de ces pactes infâmes se repentent par la suite, si, poussés après une émeute par le cri de leur conscience, ils offrent de rapporter l'argent et s'écrient : Nous sommes coupables du sang du peuple juste!

On les renvoie en disant : Ce n'est pas notre affaire...

Et ils s'en vont.

« Et après avoir possédé un champ du fruit « de leur péché, ils crèveront par le milieu du « ventre, »

Et leurs entrailles répandues seront livrées aux chiens;

Et l'avenir, passant devant ces cadavres, s'en détournera avec dégoût,

Et leur nom sera maudit comme celui de Judas,

Et le prix de leur forfait retournera à la société, qui en achètera un champ commun,

Et ce champ sera nommé *Haceldama*, le prix du sang!

Après avoir célébré la Pâque, qui était pour les Juifs une cérémonie légale et un souvenir de délivrance,

Jésus se leva de table en disant : « Allons-« nous-en d'ici. »

Ils s'en allèrent en un jardin où ils avaient coutume de se réunir.

Pendant le chemin Jésus eut un dernier entretien avec ses disciples. Il commença à leur dire qu'il allait les quitter : « Mes petits « enfants, je ne suis plus avec vous que pour « peu de temps. »

Et comme une grande tristesse les envahit tous à cette nouvelle, il leur annonça, pour les consoler, le don de l'Esprit, qu'il nomma le Saint, le promis du Père, *promissum Patris*.

« Je prierai mon Père, et il vous donnera

« un *autre* consolateur pour demeurer avec vous
« à jamais. »

Nous engageons à méditer profondément ces
paroles. Jésus ne se donne pas comme le
dernier mot de la loi et le dernier envoyé au
monde;

Il annonce au contraire un autre révélateur
qui doit demeurer à jamais dans l'humanité.

Quel est-il?

« C'est l'esprit de vérité que le monde ne
« peut recevoir, parce qu'il ne le voit point ni
« ne le connaît. Mais, pour vous autres, vous
« le connaîtrez, parce qu'il demeurera avec
« vous et qu'il sera *dans vous-mêmes.* »

Qu'est-ce que cet esprit, sinon l'élément
actif et universel du progrès qui réside dans
chaque homme pour développer en lui les germes de l'Évangile?

La révélation de Jésus-Christ se continue
dans ses disciples : « Je ne vous laisserai pas
« orphelins; je demeurerai avec vous. »

S'il ajoute que le monde ne peut recevoir
cet esprit, c'est que l'esprit du progrès, qui
est l'esprit humain et l'esprit de Dieu, n'agit
point sur les membres morts de la vieille société immobile.

« Dans peu de temps le monde ne me verra

« plus ; mais, pour vous, vous me verrez parce
« que je vivrai, et vous vivrez aussi ! »

Quand nous disions, plus haut, que Jésus-
Christ promettait un *autre* révélateur, nous disions d'après l'Évangile et pour mieux nous
faire comprendre, mais nous disions mal.

Il n'y a qu'une seule révélation continuée à
jamais dans l'humanité.

Aussi Jésus se reprend-il en disant : « J'ai
« encore beaucoup de choses à vous commu-
« niquer ; mais vous *n'êtes pas maintenant ca-*
« *pables de les porter.*

« Lorsque cet esprit de vérité sera venu il
« vous enseignera toute vérité, car il ne par-
« lera pas de lui-même, mais il dira tout ce
« qu'il aura entendu, et il vous annoncera les
« choses à venir. »

L'humanité est la manifestation naturelle
de Dieu.

Trop faible d'abord pour porter tout le poids
de la vérité, elle s'y exerce peu à peu et s'y
ingénie de manière à développer progressive-
ment en elle toutes les facultés divines.

C'est dans ce sens que Jésus ajoute :

« Je vous ai dit ces choses demeurant avec
« vous ;

« Mais le Paraclet saint que mon Père en-

« verra en mon nom vous expliquera toutes ces
« choses et vous interprétera tout ce que je
« vous ai dit. »

L'interprétation de la lettre biblique est donc
soumise au mouvement nécessaire qu'amène
chaque siècle.

L'Évangile n'est point contenu seulement
dans un livre, mais aussi dans l'humanité ;

Ou plutôt c'est l'humanité elle-même arri-
vant par l'esprit à expliquer et à développer
à jamais, *semper*, le grand symbole du Christ,
Fils de Dieu.

—◦◦—

Le sage cherche toujours dans le présent le
lien du passé et de l'avenir.

« Un docteur du royaume de Dieu, dit Jésus,
« tire de son trésor des choses anciennes et
« des choses nouvelles. »

Agissez-en vis-à-vis du christianisme comme

Jésus-Christ a fait pour la religion de Moïse.

Brisez certaines formes vieillies qui ne con- tiennent plus le dogme humain,

Comme, par exemple, ces usages de s'ab- stenir de viandes, de porter des philactères, de pratiquer de longs jeûnes, de prier avec de longues prières, toutes choses que blâmait Jésus ;

Mais gardez-en l'esprit, car « c'est l'esprit « qui vivifie. »

Or le même esprit qui animait le christia- nisme vit toujours ; seulement il a changé de terrain :

Il est passé de l'Église à la société.

Par le Saint-Esprit, Dieu qui a traversé déjà les symboles de Père et de Fils, se révè- lera en dernier dans sa dernière forme, qui est une forme d'amour.

Ce sera la colombe adombrant de ses douces ailes les fiançailles du monde, *virtus altissimi obumbrabit.*

La dernière manifestation de Dieu sur la terre sera une manifestation d'unité.

Toutes les révélations sont bonnes, puis- qu'elles apportent toutes une manifestation de Dieu ;

Elles se lient toutes entre elles et se succè-

dent dans un ordre toujours fécond, non in-
terrompu, qui établit sans secousses et sans
brisements la continuité de la tradition humaine.

« Je ne suis pas venu détruire la loi des Juifs,
« disait Jésus dans le sentiment de cette révé-
« lation incessante qui s'accomplit d'âge en
« âge en l'humanité, mais la continuer, *non*
« *veni solvere legem sed adimplere.* »

Frères, nous ne venons pas non plus détruire
le christianisme, mais le continuer.

Il y en a parmi vous qui, par une crainte lé-
time sans doute et par ressentiment des servitudes religieuses qu'on a fait peser si longtemps sur le monde, repoussent jusqu'au nom
de Dieu;

Mais ce sont les faibles : il ne faut pas les
condamner, il faut les plaindre.

Rien ne se fait au hasard dans le monde; si
l'humanité a passé par le christianisme, c'est
que c'était un moule nécessaire pour la former
à ses destinées futures.

Gardons de cette première foi initiatrice le
plus que nous pourrons;

Gardons-en ce sentiment religieux qui unit
les hommes et les rend meilleurs.

Si les riches et les puissants qui ont l'or, les

plaisirs et toutes les distractions du monde peuvent se passer de Dieu,

Il n'en est pas toujours ainsi du pauvre peuple qui souffre ;

Il a besoin, au fond de son isolement, de sa misère, de sa faiblesse, de sentir Dieu avec lui, *nobis cum Deus,* pour le soutenir dans toutes ces laborieuses entreprises de gloire et de liberté où il n'est que le bras visible de la Providence.

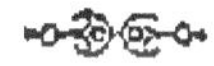

C'était la nuit.

Après avoir célébré la cène Jésus avait conduit ses disciples sur la montagne des Oliviers, au-delà du torrent de Cedron,

Dans un jardin où ils avaient pour habitude de se réunir.

Alors il commença à être pris d'une grande tristesse.

Il s'en alla dans un endroit de la montagne, à l'écart.

Le calice amère qu'il allait boire se présenta devant son esprit, et il en fut troublé jusqu'à tomber sur les deux genoux.

Dans ce calice étaient tous les maux et toutes les larmes des peuples.

Christ représentait dans ce moment-là le grand sanglot humain.

A la vue de la longue Passion des peuples, une sueur froide coula de tout son corps et ses membres furent saisis d'un tremblement.

Il alla prier à plusieurs reprises, le visage prosterné contre terre et disant : « Abba, mon « Père, détournez ce calice ! »

Mais, voyant que les destinées du monde étaient immuables, il ajouta :

« Que votre volonté soit faite ! »

Puis étant retourné vers ses disciples et les ayant trouvé endormis :

« Veillez, leur dit-il. »

Veillez peuples, car l'ennemi est proche !

Veillez et ne vous endormez pas,

Ne vous laissez pas engourdir dans l'ivresse, dans la bonne chère ou dans les plaisirs,

Car le despotisme rôde autour de vous dans la nuit, et il n'attend que l'heure favorable pour vous saisir.

Veillez, car le moment est grave et la trahison s'avance à pas sourds ;

Veillez et méfiez-vous de ces endormeurs qui veulent vous persuader qu'il n'y a aucun danger pour la patrie.

Veillez et tenez vous prêts à vous lever.

« Levons-nous, allons, dit Jésus ; celui qui « doit me trahir est près d'ici. »

A peine eut-il fini ces mots que Judas, à la tête d'une bande d'hommes, parut.

C'étaient des soldats et des sergents qui venaient avec des lanternes, des flambeaux et des armes.

Il y avait aussi des valets du grand-prêtre et des pharisiens avec des épées et des bâtons.

Judas, s'étant approché de Jésus, le salua et le baisa.

C'était le signal qu'il avait donné à ses gens : « Celui que je baiserai, leur avait-il dit, « c'est celui-là dont vous vous saisirez ! »

Baiser infâme plusieurs fois répété par des traîtres sur les joues du peuple !

Baiser qui est devenu de nos jours le signal et le mot d'ordre de toutes les perfidies !

Ce peuple auquel je serre la main et que je caresse, dit un pouvoir judas à ses agents, c'est celui-là que je vous livrerai!

Ce peuple que je baise sur la joue dans l'un de ses représentants, c'est celui-là dont il faudra vous saisir!

Jésus, après avoir dit à Judas : Mon ami, pourquoi êtes-vous venu? *amice ad quid venisti?*

Se tourna vers cette bande armée:

« Qui cherchez-vous? »

Et ils lui dirent : « Jésus le Nazaréen. »

« C'est moi! reprit-il. »

A cette parole ils tombèrent tous par terre à la renverse.

Peuple, tu n'aurais qu'un mot à dire pour renverser tes ennemis, car tu es dix fois plus fort qu'eux, alors même que dans leur insolence et leur témérité ils osent mettre la main sur toi;

Ton souffle seul les balaierait tous, comme le vent balaie des feuilles sèches,

Si tu n'étais retenu dans ta force, à ton insu, par des destinées écrites qui doivent s'accomplir, *hoc autem ut scriptura impleretur.*

Puis ayant jeté les yeux sur la bande qui venait l'arrêter :

« Vous êtes venus à moi, remarqua Jésus,
« comme vers un voleur, avec des bâtons. »

Noble tradition d'assommeurs et de bâton-
nistes que les gouvernements n'ont pas laissé
perdre [1].

Cependant, Simon-Pierre, indigné de cette
main-mise de nuit sur Jésus, de cette voie
de fait brutale et de ce guet-apens, ayant une
épée, la tira

Et en frappa un serviteur nommé Malchus
qui était au pontife ;

Mais Jésus lui dit : « Remettez votre épée
« dans le fourreau. »

C'est aussi le conseil que nous donnons.

Peuple, remets dans le fourreau le glaive
de l'assassinat ;

Peuple, remets l'épée de l'émeute dans le
fourreau ;

Au lieu de demander à des mouvements téméraires dont tu es toujours victime une victoire impossible et prématurée,

---

[1] N'avons-nous pas vu dernièrement les sergents et les
valets de notre police, armés de bâton et organisés par
bande, tomber à l'improviste sur le peuple inoffensif et dé-
sarmé, comme les valets du prince des prêtres sur la personne du Christ ?

Commence donc par enrôler dans ta cause, comme faisait le Christ, des soldats et des combattants de l'ordre moral;

Commence par conquérir tes positions et tes hauteurs par la force du progrès, de l'opinion et de l'enseignement;

Ensuite la victoire ne sera plus douteuse.

Au lieu de tirer du fourreau avant l'heure un glaive brut et rouillé, bon à couper seulement l'oreille d'un valet,

Aiguise-le d'avance sur les principes et les idées révolutionnaires;

Emploie, avant de recourir à la force pour repousser les aggressions du pouvoir, toutes les résistances légales;

Accule le gouvernement contre cette nécessité terrible de tirer le premier l'épée de la guerre civile hors du fourreau;

Car alors s'accomplira sur lui cette parole terrible : Celui qui s'est servi du glaive périra par le glaive!

Or Jésus ayant interdit aux siens une résistance impossible s'avança de lui-même au devant de ses ennemis.

Alors les soldats, le chef de la légion et les sergents des Juifs prirent Jésus et le lièrent.

On conduisit Jésus chez le grand-prêtre, nommé Caïphe.

Les soldats et les sergents le déposèrent au milieu de la cour, en attendant qu'il plût au conseil d'en ordonner.

Comme il faisait froid on alluma du feu,

Et les gens du pontife venaient se chauffer les mains.

A la lueur de ce feu une servante reconnut Pierre qui avait suivi Jésus de loin et en silence.

Tous les autres disciples, frappés de terreur, s'étaient dispersés.

« Celui-ci, dit cette femme après l'avoir

« considéré, était aussi de la compagnie de
« cet homme. »

Mais il le nia, disant :

« Femme, je ne le connais pas. »

Peu de temps après, un valet de l'hôtel
l'ayant regardé lui dit :

« Vous êtes aussi de ses disciples. » ·

Mais Pierre lui répondit :

« O homme, je n'en suis point. »

Enfin, un autre ayant témoigné encore que
Pierre était à Jesus, il le nia une troisième
fois.

Alors le coq chanta, et Jésus s'étant retourné regarda Pierre.

Combien de députés qui avaient juré de
mourir pour le peuple le renoncent et le re-
nient de même au jour du danger !

La voix d'un vil serviteur de la cour les
fait pâlir à la tribune,

Et ils abandonnent lâchement le peuple aux
mains barbares des sergents.

« Ceux qui tenaient Jésus, dit l'Évangile,
« se moquaient de lui en le frappant, et lui
« ayant bandé les yeux ils lui donnaient des
« coups sur le visage, et ils l'interrogeaient
« en lui disant : Devine qui est celui qui t'a
« frappé?

« Et ils lui disaient encore bien d'autres
« injures. »

Quoiqu'il y eut des soldats parmi cette bande
de vils insulteurs, nous devons dire que c'é-
taient des soldats de police et de municipalité;

Car pour les autres, pour ces soldats sortis
du peuple qui versent leur sang sur le champ
de bataille, ils sont incapables de pareilles
bassesses.

Cette milice du grand-prêtre était une milice à gages, une sorte de brigade de gendar-
merie comme celle qui soufflète et injurie
encore chez nous les hommes du peuple surpris par guet-apens dans une rue,

Milice brutale de tout temps parce qu'elle
est lâche, milice sans nom qui injurie l'homme
arrêté et sans défense parce qu'elle croit par-
là être agréable à ses maîtres.

Il y avait aussi un tout jeune homme qui
avait suivi Jésus, « n'étant couvert que d'un
« linceul, et ils se saisirent de lui;

« Mais il leur laissa son linceul et se sauva
« tout nu de leurs mains. »

Qu'est-ce qui, aux jours d'arrestation et de
terreur, suit encore chez nous le pauvre peuple
qu'on emmène?

De jeunes enfants à moitié nus qui n'ont

que les ténèbres et la fuite pour se dérober aux mauvais traitements des gardes.

***

Le coq avait chanté.

Toutefois il n'était pas encore jour.

Les anciens du peuple, les princes des prêtres et les scribes s'assemblaient.

Ayant donné l'ordre de faire comparaître Jésus, on le leur amena,

Et ils procédèrent à son interrogatoire.

Ce conseil, composé des premiers parmi les Juifs, allait exercer ici des pouvoirs judiciaires ; c'était un tribunal.

Malgré l'invasion des Romains les Juifs avaient conservé le droit de justice délibérative.

Il y avait trois tribunaux chez les Juifs : le premier, de trois juges pour les causes pécuniaires ; le second, de vingt-trois juges qui connaissaient des crimes capitaux; et le troisième, nommé le grand-sanhédrin, composé de soixante-douze juges, qui instrumentait sur les crimes d'État ou de religion.

C'est ce dernier tribunal qui était appelé à prononcer sur Jésus de Nazareth.

Jésus fut donc interrogé par le président du conseil, qui était Caïphe.

Mais l'accusé gardait le silence.

Or les questions du grand-prêtre portaient « sur ses disciples et sur sa doctrine. »

Un tel interrogatoire ne méritait que le silence, *Jesus autem tacebat*; car c'était, comme de nos jours, une voie ouverte à la délation et à la feinte.

C'était mettre l'accusé dans l'horrible alternative de s'accuser lui-même ou de trahir ses complices en les dénonçant et de désavouer, contre sa conscience, ses principes révolutionnaires.

Jésus faisait donc bien de se taire, *tacebat*.

Il ne donna qu'une seule réponse pleine de dignité aux questions qu'on lui faisait sur ses disciples et sur sa doctrine :

« J'ai parlé publiquement à tout le monde, « j'ai toujours enseigné dans la synagogue et

« dans le temple où tous les Juifs s'assem-
« blent, et je n'ai rien dit en secret :

« Pourquoi donc m'interrogez-vous? Inter-
« rogez ceux qui m'ont entendu? Ce sont ceux-
« là qui savent ce que j'ai enseigné. »

A peine eut-il achevé que l'un des huissiers
donna un soufflet à Jésus en lui disant : Est-
ce ainsi que vous répondez au grand-prêtre?

Traitement sans nom qui se renouvelle encore de nos jours sous d'autres formes.

Est-ce ainsi que vous répondez aux juges
d'instruction? disent, pour la parole la plus
digne et la plus innocente, les agents du pouvoir aux accusés du peuple,

Et ils les soufflètent, la loi à la main, d'une
peine odieuse.

Cependant l'on fit venir des témoins,
Car tout le sénat des Juifs cherchait un té-

moignage contre Jésus pour le traduire à mort.

Il y eut plusieurs dépositions fausses en ce sens qu'elles ne s'accordaient point entre elles et qu'elles ne concluaient pas à la peine capitale,

Mais elles étaient véridiques en ce sens qu'elles reposaient sur des discours que Jésus-Christ avaient réellement tenus.

Quelques-uns en effet se levèrent et témoignèrent en ces termes :

« Nous lui avons ouï dire : Je détruirai ce « temple bâti de la main des hommes et j'en « rebâtirai un autre en trois jours qui ne sera « point fait de la main des hommes. »

Jésus, se promenant à Jérusalem devant les vastes constructions du temple, avait dit :

« Détruisez-le, et je le rebâtirai en trois « jours. »

Le temple des Juifs contenait toute leur société : c'est là qu'étaient leur culte, leur loi, leur gouvernement.

En menaçant le temple Jésus entendait donc ici menacer toute la société ancienne, qui devait être détruite et rétablie.

C'est ainsi que le comprirent les Juifs, car autrement leur accusation n'aurait pas de sens.

Leur déposition allait à dire : Voici un

homme qui se vante de pouvoir détruire et rebâtir notre gouvernement ; jugez vous-mêmes si ce n'est pas un séditieux.

Comme cela, du moins, leur témoignage acquérait une certaine valeur, et l'on conçoit que le sénat s'y soit arrêté.

Mais on ne put rien induire de là qui fît condamner Jésus, non que ce ne fût une charge suffisante, mais parce que les témoins ne s'accordaient point entre eux, *et non erat conveniens testimonium illorum*.

« Jésus-Christ, remarque un évangéliste, « entendait parler du temple de son corps. »

Soit ; mais comme nous avons dit que le corps de Jésus était, en image et en symbole, le corps de l'humanité,

Il s'ensuit que l'humanité mettra régulièrement trois jours à accomplir ses grandes transformations.

Remarquons, avant de passer outre, ce chiffre mystérieux des trois jours qui préside, depuis les paroles du Christ, à la ruine et à la reconstruction de tous les gouvernements.

Le temple de la vieille société française a été, au mois de juillet 1789, détruit et rebâti en trois jours.

La révolution de 1830 a eu ses trois jours.

L'avenir aura ses trois jours.

Cependant, comme les dépositions des témoins ne chargeaient pas Jésus à mort et que l'assemblée était décidée à le faire périr,

Le grand-prêtre se leva et dit :

« De par le Dieu vivant, je vous adjure de
« nous dire si vous êtes le Christ, fils de
« Dieu ! »

Jésus, qui était jusque-là demeuré dans le silence, répondit :

« Vous le dites : je le suis ! »

A ces mots le pontife déchira ses vêtements en disant : Il a blasphémé ! qu'avons-nous besoin de témoins? Vous venez d'entendre vous-mêmes son blasphème.

Peuple, frère du Christ, tu seras ainsi conduit devant les tribunaux de la terre ;

Un juge accusateur, qui n'attend que ton témoignage pour le faire traduire à mort, le sommera de même et l'adjurera de décliner la filiation divine;

Car ils savent, ces grands et ces maîtres qui se sont faits nommer dans leur orgueil les dieux de la terre,

Que le jour où le peuple aura le sentiment de sa grandeur il ne s'agenouillera pas aisément devant une idole couronnée.

Sors donc alors de ton silence et réponds fermement :

« Vous l'avez dit : oui, je suis fils de Dieu !»

Que t'importe, après tout, la colère passagère d'un juge déchirant ses habits?

Ajoute, sous les injures, sous les soufflets, sous le couteau :

Je vous déclare et je vous annonce qu'un jour vous verrez venir le peuple, fils de l'humanité, assis à la droite de la puissance de Dieu.

« Il viendra vous juger à son tour et séparer « les vivants d'avec les morts! »

Alors tout le tribunal, composé de grands du pays, juge un homme sur sa simple affirmation et conclut en disant :

« Il a mérité la mort, *reus est mortis.* »

Jésus-Christ est un exemple solennel et déplorable du peu de justice qu'on doit attendre d'un tribunal exceptionnel qui décide en sa propre cause.

Le grand-sanhédrin formait le sénat des Juifs.

Ces hommes riches et puissants étaient tous intéressés par leur position et par leur fortune à condamner une doctrine révolutionnaire qui les menaçait tous.

La sentence de Jésus était donc arrêtée et portée d'avance; ils ne cherchaient plus, comme dit l'Évangile, que des prétextes pour donner à cet assassinat une forme de jugement.

C'est ce que Jésus-Christ comprit sur le champ dès qu'il se vit tombé entre leurs mains.

« A quoi bon vous répondre? dit-il au juge interrogateur, si je dis vrai vous ne me croirez pas ni vous ne me laisserez point aller. »

C'est perdre sa peine que d'attendre et de vouloir tirer quelque justice de gens qui ont intérêt à condamner.

Si l'on en eût appelé à la justice du pays nul doute que Jésus de Nazareth n'eût été absout,

Car tous les hommes désintéressés étaient convaincus de son innocence.

Judas, qui as-tu trahi? — Le Juste, *tradidi sanguinem justum.*

Pilate, qui a-t-on amené à ton prétoire? — Le Juste, *Innocens sum sanguinis hujus justi.*

Femme, quel est l'homme qui t'a troublé cette nuit dans tes songes et pour lequel tu envoies parler au gouverneur? — Le Juste, *nihil tibi et justo illi.*

Le Juste! le Juste! voilà le cri du peuple.

Il est digne de mort! *reus est mortis!* voilà le cri d'un sénat conservateur et privilégié qui se fait justice lui-même sur un révolutionnaire.

Il est coupable! crierait encore aujourd'hui notre sanhédrin si le Fils de Dieu revenait sur la terre,

Et il le recondamnerait à mort.

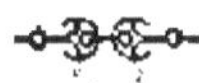

Tout ceci se passait de nuit.

C'est la nuit que les gouvernements et les voleurs ont coutume de faire leurs mauvais coups.

« Aussitôt que le matin fut venu, les princes
« des prêtres, avec les anciens et les scribes
« et tout le conseil, ayant délibéré ensemble,
« *lièrent* Jésus, l'emmenèrent et le traduisirent
« devant Pilate. »

Jésus était dès-lors bien et dûment condamné à mort par le sénat des Juifs.

Il ne s'agissait plus que de le remettre aux mains de la justice exécutive pour lui appliquer la sentence.

Le sanhédrin, corps judiciaire, avait le droit de porter sentence et de condamner, mais il était tenu d'en référer, pour l'exécution de la peine, à Ponce-Pilate, qui était gouverneur de la Judée au nom des Romains.

L'usage de la parole qui condamne était demeuré aux Juifs après la conquête, mais l'usage du bras qui tue était passé aux vainqueurs.

Jésus fut donc conduit à Ponce-Pilate pour être exécuté.

Cependant, comme les Romains étaient les maîtres et que probablement ils se méfiaient de la justice des Juifs, Pilate s'enquit du procès de Jésus et des motifs qui l'avaient fait condamner,

Se réservant ainsi de refuser l'appui de la force exécutive si la sentence lui semblait injuste.

Quoique le droit exercé par les Romains se bornât à frapper, c'était du moins le droit d'un bras intelligent qui ne voulait pas frapper au hasard.

Le procurateur romain avait droit d'examen et de révision.

Or nous voyons ici intervenir dans la personne de Pilate, en faveur de Jésus, un pouvoir moins ombrageux que celui des Juifs parce qu'il est plus fort, moins vindicatif parce qu'il est plus grand.

Ce seul fait explique et justifie ce que nous avons dit plus haut de l'influence heureuse exercée par la domination de l'empire romain sur certaines provinces conquises.

Devant le gouverneur romain l'accusation prit une tournure toute politique.

Les princes des prêtres, les anciens et les scribes comprirent qu'ils ne pouvaient intéresser la justice de Pilate en leur faveur contre Jésus qu'en lui avouant la véritable charge qui pesait sur le condamné.

Ils le représentèrent au gouverneur comme un séditieux et un perturbateur.

« Nous avons trouvé, dirent-ils, cet homme « pervertissant notre nation, défendant de « payer le tribut à César et se disant le roi. »

Voilà donc maintenant la sentence de mort nettement justifiée : Jésus a été condamné par les Juifs comme atteint et convaincu de crime d'État.

Mais ici le procès recommence en détail devant la justice de Pilate.

Deux chefs d'accusation pèsent sur Jésus : déni d'impôts et usurpation de la royauté.

Le premier grief ne portait pas tout à fait à faux, puisque nous avons vu, dans l'intimité, Jésus décliner le principe du cens.

Quant à l'accusation d'avoir prétendu se faire roi, elle était fausse si l'on veut la prendre à la lettre, puisque Jésus-Christ, au contraire, s'enfuit pour se soustraire aux honneurs souverains.

Mais il est probable que les Juifs entendaient ici par *roi* simplement un chef politique,

Et sous ce rapport leur accusation était fondée.

Jésus lui-même ne songea point à la nier, car Pilate l'ayant interrogé lui-même sur ce point, Jésus répondit :

« Oui, je le suis. Je suis venu dans le monde « pour rendre témoignage à la vérité. »

Et Pilate, après avoir jeté au hasard une question vague :

« Qu'est-ce que la vérité? »

Tourna le dos à Jésus sans attendre la réponse et s'en alla trouver les Juifs.

Cette réponse nous allons la faire au pouvoir interrogateur par la bouche même de Jésus, et cette fois il faudra bien qu'il l'entende :

« Vous connaîtrez la vérité, dit autre part « Jésus, et la vérité vous délivrera. »

Si donc nous rapprochons ces deux paroles : « Je suis venu pour rendre témoignage à la « vérité, » et « la vérité vous délivrera, »

Nous tiendrons du témoignage même de Jésus-Christ le dernier et le grand mot de sa mission sur la terre, l'affranchissement.

Tourne le dos maintenant, Pilate, et fais semblant de ne point attendre la réponse du Christ, car cette réponse est ton arrêt de condamnation et la grande proclamation des peuples : *Soyez libres!*

« Mon royaume n'est pas de ce monde, dit « encore Jésus à Pilate. »

Mot peu compris et mal interprété des uns, injustement et traitreusement exploité au profit des autres.

Non le royaume du Christ, le royaume de la fraternité, de la liberté et de la justice n'est pas de votre vieux monde d'égoïsme et de servitude.

Jésus-Christ n'aspire pas à être roi en place de César.

Aussi Jésus-Christ ajoute-t-il dans un autre texte :

« Mon royaume n'est pas de ce temps-ci ; « si mon royaume était de ce temps-ci mes « partisans combattraient pour empêcher que « je ne fusse livré aux Juifs, mais mon « royaume n'est pas de cette heure. »

Ici est toute l'explication de la conduite du Christ.

S'il a fait remettre à Pierre l'épée dans le fourreau et s'il lui a défendu de résister, c'est qu'il savait que le temps de la lutte n'était pas encore venu.

S'il comparaît maintenant avec une attitude soumise devant Pilate, c'est qu'il *a les mains liées*, et que son royaume ne devant s'établir ici que dans plusieurs siècles il n'a pas pu réunir assez de partisans pour le défendre.

La situation de Jésus dans ce moment-là était celle de tout révolutionnaire qui, venant prêcher une société à venir, ne peut compter sur l'appui sérieux d'une résistance armée et se soumet à la force brutale, car il sait que cette soumission même est une protestation.

Le fait seul de la condamnation de Jésus par le sanhédrin accuse toutes les chambres hautes, tous les tribunaux exceptionnels et les convainct d'injustice.

C'est ce que Jésus-Christ entendait lui-même quand il disait que le prince du monde allait être condamné par sa mort.

Pilate s'en revint vers les Juifs, satisfait de l'explication de Jésus.

Jésus, effectivement, en faisant entendre à Pilate que la société qu'il prêchait n'était pas de son temps et qu'elle ne devait s'établir que dans l'avenir, calmait les inquiétudes du gouverneur et les craintes qu'il avait pu concevoir que cet homme n'en voulût directement à l'autorité de César,

A peu près comme de nos jours notre gouvernement, si ombrageux qu'il soit, laisse certaines doctrines subversives se développer à l'aise et sans contrainte, parce qu'il croit qu'elles sont d'une réalisation lointaine.

Pilate revint donc vers ceux qui lui avaient livré Jésus pour l'exécuter, *ut interficerent eum*.

« Je ne trouve, leur dit-il, aucun crime dans « cet homme. »

Mais les chefs des Juifs insistaient, et, pour ne laisser plus aucun doute sur la valeur politique du procès, ils répliquèrent :

« Cet homme soulève le peuple par la doc- « trine qu'il a semée par toute la Judée et qu'il « a commencé à publier depuis la Galilée jus- « qu'ici. »

Il soulève le peuple ! crime de provocation à la guerre civile et au changement de la forme du gouvernement.

Il soulève le peuple ! crime prévu et puni chez nous par des lois sévères.

Il soulève le peuple ! crime qui, devant notre Chambre des pairs, aurait, pour le moins, fait envoyer le Fils de Dieu à Blaye.

Il soulève le peuple ! crime qui, depuis Jésus de Galilée, a fait tomber la tête de tant de révolutionnaires.

Il soulève le peuple !... Allons, qu'on l'enlève et qu'on le crucifie ! vocifère autour du

Prophète du peuple une cohue de bourgeois excités : *Tolle crucifige eum!*

Cependant Pilate hésitait, et ayant entendu parler à Jésus lui-même de la Galilée,

Il le renvoya au roi Hérode, qui avait la juridiction de cette province.

Pilate fut encore engagé à en agir de la sorte par l'accusation toute politique qui chargeait Jésus le Galiléen.

C'était au roi d'apprécier le crime de cet homme qu'on disait avoir voulu se faire roi des Juifs.

Pour Hérode Jésus fut un simple objet de curiosité ; il espérait trouver dans l'entrevue de cet homme extraordinaire un passe-temps et voir faire un miracle.

N'y rencontrant que le silence, il le traita comme un fou.

« Cependant les princes des prêtres et les « scribes étaient là, *stabant,* et ils persistaient « à l'accuser.

« Mais Hérode encore une fois, avec toute sa » milice, le méprisa, et l'ayant fait revêtir « d'une robe blanche par moquerie il le ren-« voya à Pilate. »

C'est ainsi que les rois ont coutume de comprendre les grands hommes.

Cette note de folie imprimée par toute la cour à la personne de Jésus montre suffisamment la sagesse et l'intelligence des agents du pouvoir.

« Ce sont des fous, » répètent avec Hérode et sa cour les maîtres actuels de l'autorité en parlant des révolutionnaires,

Et ils couvrent d'une robe blanche, en signe de dérision et de mépris, les doctrines de ces hommes forts.

Frères, renvoyons - leur ce mépris et cette dérision, car les fous d'aujourd'hui sont les sages de demain, car les Nazaréens conduits pieds nus le vendredi et les mains liées devant les rois sont quelquefois le surlendemain les dieux du monde !

Toutefois Hérode avait évité de se prononcer sur le jugement à mort de Jésus.

Son silence même et la note de folie qu'il jeta sur cet homme montrent qu'il attachait peu d'intérêt à sa condamnation.

S'il eût été le maître et s'il n'eût pas craint de déplaire à l'aristocratie juive, il est probable qu'il l'eût laissé aller par indifférence et par mépris ;

Après l'avoir fait huer, il lui aurait accordé la vie, comme à un être trop fou pour être dangereux.

Pilate interpréta ainsi la robe blanche, les railleries des soldats et le retour de Jésus sans sentence :

« Hérode, dit-il aux grands, ne lui a rien fait « qui montre qu'il soit digne de mort. »

Comme ce coupable était, de l'aveu des Juifs et de son propre témoignage, un homme de parole, *doctrinâ ejus*, comme la société qu'il venait fonder ne devait menacer de sitôt l'ordre de choses établi de César, Pilate crut qu'il suffisait de le faire passer par les verges.

Toutefois, pensant bien que le crime de sédition imputé à cet homme n'était pas sans fondement et trouvant seulement la peine qui lui avait été infligée par le sanhédrin trop forte, Pilate s'offrit à faire châtier Jésus.

« Pilate prit donc Jésus et le fit fouetter. »

Il voulut, en un mot, commuer la peine.

Pitié cruelle et infamante qui, pour ne pas exciter le peuple en répandant le sang, et pour se donner aux yeux du monde des airs de clémence royale, commuerait de nos jours la peine du Christ en celle des bagnes !

Les soldats-bourreaux exercèrent alors sur Jésus les traitements les plus monstrueux.

Au fond, la principale charge des pharisiens contre Jésus portait sur ce qu'il s'était fait le chef du peuple.

C'est ce que les soldats voulurent punir et tourner en dérision lorsque, posant une couronne tressée d'épines sur la tête de Jésus, lui jetant une casaque d'écarlate sur les épaules et lui mettant un sceptre de roseau dans la main', ils fléchirent un genou en terre en disant :

« Salut au roi des Juifs! *ave rex Judæorum.* »

C'est encore aujourd'hui de cette souveraineté dérisoire qu'on salue les peuples constitutionnels.

On proclame après une révolution et quand le canon gronde encore dans la ville leur royauté inviolable,

Mais c'est pour les traduire quelques jours après aux mains des soldats, la couronne d'épines au front, le roseau à la main, la guenille sur l'épaule,

Et pour souffléter avec des rires cette souveraineté du peuple, *ave rex Judæorum!*

Souveraineté illusoire et vaine devant laquelle on fléchit le genou par momerie et sur laquelle le dernier valet de cour se fait gloire de cracher, *et conspuaverunt.*

⁂

Jésus ayant été lié à une colonne et bien battu par les soldats à coups de fouet, Pilate le montra aux Juifs en disant : « Voilà l'homme ! »

Peuple, c'est toi qu'un lâche ministre montre à l'univers, les reins tout sanglants, les flancs fouettés, tout le corps déchiré, en disant : Voilà ce peuple !

Voilà ce peuple que vous craigniez et qui devait être le Christ du monde !

Voyez comme nous l'avons bien battu et fouetté et cinglé de verges !

Cela vous suffit-il?

Pilate, en effet, espérait calmer par ce châtiment infligé à Jésus la colère des anciens du peuple.

« Il ne cherchait plus qu'un moyen de le dé-
« livrer. »

Mais les anciens, les pharisiens et les scribes n'en avaient point assez;

Mais les rois de l'Europe ne sont point contents de voir la France humiliée, battue, frappée au dos;

Ils veulent la voir morte.

Pilate, comme fonctionnaire public, était un de ces hommes mixtes, ni bons ni mauvais, qui cèdent par mollesse ou par légèreté d'esprit aux coupables projets d'une aristocratie hautaine et puissante.

Les anciens des Juifs ne cessaient pas de maintenir leur sentence, *reus est mortis*.

Voyant même les hésitations du procurateur, ils résolurent de lui forcer la main en le prenant par le côté faible de tout homme en place;

Ils feignirent de mettre en doute sa fidélité à l'empereur.

« Si vous délivrez cet homme, dit une voix
« qui s'élevait du sein de la noblesse juive,

« vous n'êtes pas l'ami de César, *non es amicus*
« *Cæsaris.* »

Funeste argument dont on se sert encore de
nos jours pour intimider les molles bienveil-
lances des hommes en place.

— Si vous faites ces concessions au peuple,
dit à un ministre vain et indécis le parti conservateur, vous n'êtes pas l'ami du roi ;

Si vous délivrez de nos mains le pays lié,
menotté, fustigé, vous allez contre la volonté
de la cour, et tout homme qui contredit au
château n'est pas l'ami du roi, *omnis qui con-
tradicit Cæsari, non est amicus Cæsaris.*

Et alors ce fonctionnaire, qui tient ses pouvoirs des mains mêmes de l'opposition, se
trouble ;

Il hésite, il balbutie, il tremble, car il craint,
en déplaisant trop à César et aux grands, de
perdre sa place,

Il voudrait vaguement et mollement tirer le
pays de sa servitude, mais il cède aux passions
d'une faction puissante qui le tient par la
crainte de sembler révolutionnaire, *cedebat eorum affectionibus,*

Il cède, et cette lâche concession aboutit au
déicide,

Ces pouvoirs faibles et irrésolus pèsent sur le pauvre peuple de tout le poids de leur faiblesse.

Pilate, quoique ayant la force armée de son côté, en était à chercher des expédients et des saufs-conduits pour tirer Jésus d'entre leurs mains.

Il monte sur son tribunal comme pour confirmer la sentence ; mais sa femme lui ayant envoyé parler à l'oreille en faveur de Jésus, il hésite de nouveau.

Comme il était d'usage, aux approches de la fête de Pâques, de délivrer un prisonnier,

Il soumet au peuple le choix de Barabbas ou de Jésus.

Barabbas était un homicide et un voleur.

Or il arriva en cette circonstance ce qui arriverait encore de nos jours, les haines politiques l'emportèrent sur la justice due au crime.

« Lequel, dit Pilate, voulez-vous que je vous délivre de Barabbas ou de Jésus ? »

Et ils répondirent : « Barabbas ! »

« Crucifierai-je votre roi? » reprit avec un demi-sourire Pilate, qui voulait gagner du temps et espérait par ces longueurs détourner la résolution de traduire Jésus à mort;

Et les anciens du peuple répondirent :

« Nous n'avons pas d'autre roi que César. »

Au fond, les grands de la Judée détestaient César; mais il n'y a pas, comme nous l'avons dit, de plus lâches esclaves que ces maîtres quand ils se trouvent placés devant une autorité souveraine qui maintient leurs priviléges et leur autorité sur la nation.

Nous n'avons pas d'autre maître que le roi, répondent les courtisans, aigris au fond du cœur contre la servitude dorée qu'ils subissent, quand on vient à leur parler de la souveraineté du peuple.

Cette déclaration en faveur de César eut sur l'esprit de Pilate tout l'effet que les princes des prêtres en attendaient;

Il se crut menacé dans sa soumission de Romain par le zèle chaleureux de ces étrangers,

Et il se tut.

Cependant, embarrassé de Jésus, il dit :

« Que ferai-je de cet homme? »

Et la foule répondit :

« Otez-le! otez-le et le crucifiez! »

Il y avait sans doute dans cette foule bien des voix gagnées à prix d'or par les magistrats, il y avait des marchands juifs chassés à coups de fouet par Jésus, il y avait des riches qu'il avait traités publiquement de race de vipères et de voleurs.

De toutes ces haines avides et intéressées s'élevait à plusieurs reprises dans l'air ce cri formidable : — Crucifiez-le! crucifiez-le!

— Que voulez-vous donc que nous fassions du peuple? dit un ministère lâche et pusillanime à la vue du mauvais vouloir de la cour.

Et les courtisans répondent : — Qu'il soit crucifié!

Mais pourtant, hasarde encore le fonctionnaire intimidé, je ne trouve en lui aucun crime, *nullam invenio in eo causam.*

—N'importe, répondent-ils encore, c'est un ennemi de César, il faut qu'il meure!

Et on le leur abandonne pour être crucifié.

Cependant Pilate, ne voulant pas avoir à se reprocher la mort de Jésus, se fit apporter de l'eau, en lava ses mains devant le peuple et dit aux magistrats : « Je suis innocent du sang « de ce juste; ce sera à vous d'en répondre. »

Lave tes mains, Pilate; l'eau n'y effacera pas la tache du sang.

Lave tes mains, gouverneur du peuple qui consent au supplice des condamnés à mort en disant : Je suis innocent du sang de ces hommes; ils ont été jugés par les tribunaux.

Lave tes mains, car elles sont rouges;

Mais, encore une fois, l'eau n'en enlèvera rien.

Partout où sera prêché cet Évangile-ci, et je vous déclare qu'il sera prêché par toute la terre, on dira : Le peuple a souffert sous ses maîtres, *passus est.*

Mais quant à toi, sénat de pharisiens qui prends la responsabilité de cette œuvre de mort,

Quant à toi qui t'écrie : « Que le sang re-« tombe sur nos têtes et sur celles de nos en-« fants ! »

Tu seras exaucé; il y retombera.

Ne lave pas tes mains, ne lave pas la tête; c'est inutile.

Le sang de Jésus,

Le sang du soldat, le sang du juste, le sang
du martyr populaire est sur ton front ;

Tu en transmettras la tache à tes fils.

Vois ce peuple qui erre sur la surface de la
terre, morne, misérable, marqué d'un signe :

C'est le reste de ce sanhédrin qui mit à mort
Jésus le juste et le révolutionnaire.

Ainsi tu erréras, un jour, pauvre, dispersé,
nu, en horreur au monde,

Et les peuples diront, en les montrant du
doigt : Voilà les enfants de ces hommes qui
ont fait mourir les prophètes de l'humanité !

⸻⸺⸻

Le chemin du prétoire au mont du Calvaire
fut un chemin de douleur.

Jésus porta lui-même sa croix, et comme il
avait fléchi dessous plusieurs fois, tombant
des deux genoux à terre,

On chargea un ouvrier qui revenait de son travail de la porter.

Cette croix était en effet celle que tout le pauvre peuple supporte depuis des siècles,

Peu importe qu'elle posât sur l'épaule de Cyrène ou sur celle de Jésus.

Quelques femmes compatissantes suivaient en pleurant.

Ces pauvres et faibles créatures courbées sous le fardeau mêlaient leurs larmes et leurs souffrances à la grande Passion du Fils de l'homme.

Et Jésus, bon jusqu'au bout pour toutes les afflictions, leur disait : Ne pleurez pas sur moi, mais sur vous, femmes.

Quand on fut arrivé au lieu du Calvaire, on écrivit, selon l'usage, sur l'instrument du supplice, au-dessus de la tête du condamné, *l'extrait de la sentence*,

Afin que le peuple passant par-là vît pour quel crime l'homme avait été traduit à mort.

Pilate fit écrire en hébreu, en grec et en latin, afin que personne n'en ignorât :

Jésus de Nazareth, roi des Juifs.

Ce que voyant les pharisiens et les scribes ils firent remarquer au gouverneur romain qu'il y avait erreur.

« N'inscrivez pas, lui dirent-ils, qu'il est le

« roi des Juifs, mais bien qu'il *a voulu* se faire
« notre roi. »

Mais Pilate, las de condescendre à la haine
minutieuse et aux exigences puériles des magistrats juifs, leur répondit :

« Ce qui est écrit est écrit! »

Et l'inscription demeura.

La royauté du Christ était, comme celle de
la France une royauté d'initiation.

L'humanité écrit ainsi, malgré tout, en lettres de sang ses vérités et ses titres, que ni la
haine, ni la défaite, ni la mauvaise foi des ennemis ne peuvent plus ensuite changer.

Après la grande Passion de la nation crucifiée, trouée au flanc par la lance du cosak, attachée aux pieds, il est resté écrit en caractères rouges sur la croix de Waterloo :

Peuple de France, roi des peuples!

Voici bientôt trente ans qu'à Waterloo les rois
Après l'avoir frappée ont mis la France en croix;
Depuis les étrangers passent hochant la tête :
— Descends donc, disent-ils , toi qu'en un jour de fête
Nous vîmes, à travers les villes, les hameaux,
T'avancer en triomphe au milieu des rameaux !
Toi qui mettais le glaive aux mains de tes apôtres ,
Toi qui voulais instruire et délivrer les autres,
Descends-donc de ta croix ! — Mais clouée aux deux mains,
Morne, désespérant du salut des humains
Et de leur avenir qui s'en va comme un songe,
Ne trouvant que vinaigre et que fiel à l'éponge ,
Sentant que le jour baisse et que tout est fini,
Elle s'écrie : *Eli lamma sabactani !*

Or Éli ne vint pas... Sur sa croix solitaire,
Après un long tourment (ici baisez la terre),
Quand le voile du temple en deux se déchira ,
Elle pencha sa tête, et muette expira.

Un dur cosak au flanc la perça d'une lance;
Mais les autres, voyant, dans un morne silence,
Le ciel qui se couvrait de ténèbres, les morts
De leurs tombeaux ouverts qui sortaient au dehors,
La terre qui d'effroi tremblait à la surface,
Le grand soleil là-haut qui se cachait la face,
Et qui, comme un mourant, fermait son œil de feu,
Se dirent : — Elle était vraiment fille de Dieu !

Des disciples, la nuit, dans un coin du royaume,
Parfumèrent son corps de l'aloës et du baume,

Et la baisant au front avec recueillement
La posèrent ainsi dans un froid monument ;
Des mères étaient là s'essuyant la paupière :
Mais les rois avec soin firent sceller la pierre,
Et le gouverneur mit des gardes à l'entour,
Craignant la prophétie et le troisième jour.

Christ est, dit-on, sorti des ombres de la tombe ;
Mais toi qui l'as promis, voici le jour qui tombe,
Toi qui pendant trente ans debout as combattu,
France, percée au flanc, ressusciteras-tu ?

Te verrons-nous un jour, ô reine ensevelie
Que les rois font garder et que le monde oublie,
T'éveiller, et, trouant ton sépulcre du front,
Secouant du linceul la poussière et l'affront,
Jetant autour de toi des clartés solennelles,
Et terrassant d'effroi tes pâles sentinelles,
Qui toutes cacheront leur face avec remords,
Crier : — Je suis le Christ sorti d'entre les morts !

Ce jour sera le jour des Pâques populaires.
Chassés comme la paille au vent de nos colères,
Les pouvoirs dispersés s'en iront en lambeaux,
Les cachots effrayés rouvriront leurs tombeaux,
Les centeniers confus frapperont leurs poitrines,
Les trônes écroulés ne feront que ruines,
Et les peuples louant Dieu qui les appuya,
Libres, battant des mains, diront : — Alleluia !

-o-ⰓⰂ-o-

Jésus fut donc attaché à la croix.

C'était le supplice des vaincus et des es-claves : les citoyens romains ne pouvaient, en aucun cas, y être soumis.

Jésus étant venu détruire dans le monde l'es-clavage avec tous ses signes devait le traver-ser d'un bout à l'autre, de la crèche à la croix.

Sa mort, par cela même qu'elle était forcée, fut une condamnation et une protestation muette.

Il a vaincu la mort par la mort, et l'esclavage par l'esclavage.

Il a vaincu le plus monstrueux de tous les esclavages, celui du supplice, en étant lui-même supplicié.

Tôt ou tard la croix renversera la guillotine.

Celui qui souffre témoigne contre la souffrance, et celui qui meurt contre la peine de mort.

Dieu a voulu que le contre-poison au mal fût dans le mal lui-même.

La Passion de Jésus fut une rédemption, c'est-à-dire un rachat.

Les peuples s'étaient vendus à la domination d'un maître :

Jésus mourant les racheta.

Or, si le prix de l'esclavage est l'or, la monnaie qui abolit l'esclavage est du sang.

La mort de Jésus fut une œuvre de liberté, *salus mundi.*

Prenez donc courage et respirez avec orgueil, vous qui souffrez la grande Passion des peuples! Votre misère, votre servitude, votre mort même sont le travail nécessaire pour arriver à l'état de gloire.

Vous êtes les chrysalides de la grande résurrection humaine,

Et la résurrection de l'esclavage c'est la liberté!

Et la résurrection de la misère c'est l'abondance!

Et la résurrection de la mort c'est la vie!

Jésus a tué la mort, la misère et l'esclavage en subissant, en souffrant et en mourant.

Chrétiens, ne rougissez donc plus du signe de votre foi,

Car l'arbre de la croix planté sur le Calvaire est le grand arbre de la liberté.

Prêtres, soyez fiers de ce signe rédempteur ! seulement, au lieu de tourner, dans vos processions, la face de la croix en arrière comme pour lui faire regarder le passé, tournez-la en avant, vers l'avenir.

Jésus fut crucifié entre deux voleurs.

Il avait passé sa vie parmi des publicains, des condamnés du vieux monde : il devait la finir avec eux.

Toutes les réprobations devaient se ramasser sur ce bouc-émissaire pour qu'il les effaçât ensuite dans sa gloire.

Et puis les gouvernements n'y regardent pas de si près : ils jettent dans la même prison, au

fond d'une cave obscure et pêle-mêle, les accusés politiques avec les forçats, les voleurs et
les filles ;

Ils attachent au même bois le Christ et le
larron.

Cependant les magistrats, les princes des
prêtres, les scribes, les anciens du peuple, les
docteurs sentant Jésus pris et lié dans leur vengeance, passaient devant sa croix avec des rires :

« Il a voulu délivrer les autres, disaient-ils,
« et ils ne peut se délivrer lui-même ! »

Profondes paroles qui révèlent bien la pensée amère de leur cœur.

C'était donc bien du crime de soulèvement
qu'on l'accusait, c'était donc bien pour la liberté du peuple que mourait Jésus.

Il avait voulu détacher l'humanité de cette
croix d'angoisses et de misères à laquelle elle
pendait depuis quatre mille ans, et c'est pour
ce crime qu'on l'y attachait lui-même.

— Elle a voulu sauver les autres peuples,
disent en passant maintenant devant la France
couronnée d'épines et élevée en croix les princes de la terre ;

— Elle a voulu délivrer le monde de la servitude de l'ignorance, disent les princes des
prêtres en passant devant la France muette et

la bouche bâillonnée par une éponge trempée de fiel ;

— Elle a voulu émanciper les autres nations, disent les rois voisins en passant devant la France clouée par les mains et les pieds au poteau infâme de la paix :

Qu'elle se délivre maintenant elle-même, si elle peut, du joug et du supplice qui l'accablent !

Et ils ricanent et blasphèment en branlant la tête.

Cependant on jette ses vêtements aux soldats et aux valets du pouvoir, on leur jette ses dépouilles en leur disant de se les partager, on leur jette sa tunique pour tirer au sort, cette tunique que naguère toutes les provinces de la terre voulaient toucher et dont il sortait des miracles.

La nation crucifiée pousse bien encore de grands cris, elle se tord sur l'arbre infâme en disant :

« Eli, Eli lamma sabactani ! »

Mais, à chacun de ces cris, l'éponge amère de la censure ou de la corruption s'approche de ses lèvres mourantes ;

On éteint ses nobles protestations dans le vinaigre et le fiel,

Car on a peur qu'Éli, c'est-à-dire la Liberté, ne vienne pour la délivrer.

Or la mère de Jésus et la sœur de sa mère, Marie, femme de Cléophas, et Marie-Madeleine se tenaient auprès de la croix.

Voilà donc ce qui était resté à ce nouveau pasteur de tout son troupeau dispersé, trois pauvres femmes, trois brebis tremblantes et affligées dont une avait été une brebis perdue !

Il y avait aussi quelques autres femmes, à distance, qui regardaient et qui pleuraient.

C'étaient de ces femmes qui tout le long de la Galilée suivaient Jésus et qui l'assistaient de leurs soins.

Suivre Jésus c'était suivre un chef errant de Bohémiens qui marchaient au soleil par les lieux sauvages ; c'était se dévouer à la sueur, à la faim et la soif ; c'était dormir la nuit sur une pierre et n'avoir souvent à manger que les épis cueillis sur le bord du chemin.

Il y avait encore beaucoup de femmes qui étaient montées de Jérusalem avec lui, l'accompagnant de loin et versant des larmes.

La doctrine du Christ s'adressait surtout aux femmes, qui étaient les vaincues et les esclaves de l'ancienne alliance sociale, aux femmes, êtres faibles et débiles de corps qui attendaient leur délivrance de l'esprit !

Elles furent aussi les premières à recevoir la bonne nouvelle de liberté que Jésus semait par les villes et les campagnes.

Elles le suivaient et elles l'aimaient.

Quand les disciples, saisis de terreur, eurent pris la fuite, elles restèrent autour de Jésus, de cette victime souffrante dans laquelle les princes et les anciens du peuple frappaient la partie femelle, humiliée, débile de la société.

L'esclavage entier du vieux monde, esclavage du publicain, du bâtard, du pauvre, du lépreux, du malade, de l'enfant, de l'aliéné, enfin de tout ce qui était en soumission et en tutelle, pendait dans la personne de Jésus au gibet du Calvaire.

Or, du haut de cet instrument de servitude et d'ignominie, Jésus mourant abaissa encore un dernier regard sur la plus grande souffrance qu'il pût trouver au monde, sur la femme.

« Jésus donc voyant sa mère, et auprès d'elle
« le disciple qu'il aimait (car Jean, nature ten-
« dre et amoureuse, était resté avec les saintes
« femmes), il dit à sa mère : Mère, voilà votre
« fils !

« Et au disciple : Fils, voilà votre mère ! »

Il y a ici deux grands dogmes qui n'ont pas été compris, la réintégration de la femme et l'universalité de la famille.

Dans Marie étaient figurées dans ce moment-là toutes les femmes.

Dans Jean, avouent les Pères de l'Église, était représentée en ce moment-là l'humanité.

Tous les hommes n'ont donc qu'une mère.

Cette mère est Marie, c'est-à-dire la Femme, créature souffrante et sublime qui enfante dans la douleur ;

Marie, c'est-à-dire celle qui a l'âme pleine de la grande amertume, *Maria id est amaritudine plena ;*

Marie, celle qui a bu avec le Christ au calice de fiel, et c'est pour cela qu'elle est la mère, *ecce mater tua.*

Il paraît bien que Jean comprit ainsi le sens des derniers mots de Jésus, puisqu'il reçut aussitôt chez lui Marie en communauté de biens, *in sua.*

Les dernières volontés de ce Dieu mourant ont été pour la femme, pour sa communauté de biens avec l'homme, pour sa réintégration par les titres sublimes de la maternité.

Relevez-vous, faibles femmes à genoux, relevez la tête, mes mères et mes sœurs, relevez votre pauvre cœur abattu et découragé par la servitude !

C'est vers vous que la société mourante tourne, par les yeux du Christ, ses derniers regards.

Relève-toi, femme! tu n'es plus l'esclave de l'homme, tu en es la mère !

Ceci (c'est-à-dire la réhabilitation de la femme au point de vue de la maternité) étant fait, Jésus-Christ trouva qu'il avait consommé son œuvre, *consummatum est.*

Alors, ayant poussé un grand cri, il expira.

Toute cette Passion du Christ nous figure la grande Passion des peuples;

Sa mort est la mort d'un monde.

En ce temps-là les ténèbres du doute s'étendront de même sur la face de la terre.

La Liberté, mère du peuple, demeurera debout près de son fils sur le Calvaire.

En ce temps-là il y aura également des femmes fortes, d'anciennes pécheresses, des épouses ayant quitté leur mari, comme Madeleine ou Jeanne de Chusa, qui se tiendront au pied de la croix des peuples,

Et le peuple en croix les regardera

Et il dira : Hommes, voici vos mères ! mères, voici vos fils !

Hommes, prenez-les en communauté de biens avec vous !

Ceci fait, la femme relevée et reconstituée dans ses droits, le grand *lamma sabactani* des peuples arrivera ;

L'humanité poussera un cri.

Ce cri sera celui d'une nation qu'on égorge ou d'une révolution qu'on tue ;

Ce sera ce cri qu'on entendit dans les plaines de Waterloo quand l'Empire mourut ;

Ce sera ce cri qu'on entendit dans les plaines de Praga et aux environs quand la Pologne tomba ;

Ce sera ce cri que pousse en ce moment l'Égypte sous le canon de l'Angleterre ;

Et ayant poussé son grand cri l'humanité baissera la tête, comme pour mourir.

Alors le voile des anciennes croyances se déchirera depuis le haut jusqu'en bas, le sol des anciennes institutions tremblera sous les pieds des peuples, les pierres qui servent de base à l'ancien édifice de la société se fendront ;

Ces tombeaux civiles où la société tient les captifs sous les scellés de sa justice s'ouvriront ; les corps de plusieurs qui étaient morts ressusciteront à la société ;

Tous ces cadavres vivant se promèneront dans la nuit ; les revenants, échappés du tombeau des bagnes ou des prisons, traîneront comme des spectres leurs chaînes par la ville.

Le centenier alors et ceux qui gardaient le peuple avec lui voyant le tremblement de terre de la société et tout ce qui se sera passé seront saisis de frayeur et frapperont leur poitrine en disant : Ce peuple que nous avons crucifié était vraiment le peuple de Dieu.

Cependant ni la haine ni la surveillance des maîtres du monde ne s'endormira.

Nous nous souvenons, diront-ils, que ce peuple a promis de ressusciter le troisième jour ;

Il a promis de détruire et de rebâtir le temple du corps social :

Prenons garde qu'on ne l'enlève au tombeau où nous l'avons placé.

Et ces maîtres pusillanimes qui ont peur d'un cadavre mettront des sentinelles à l'entour pour le garder,

Et ils rouleront une grande pierre à l'entrée de la ville où ils veulent ensevelir le peuple,

Et ils scelleront cette pierre dans le roc,

Et ils l'entoureront de remparts et de bastilles,

Et ils diront : Nous verrons maintenant, ô peuple, si tu ressusciteras !

« Le premier jour de la semaine, Marie-Ma-
« deleine vint dès le matin au sépulcre, lors-
« qu'il faisait encore sombre, et elle vit que
« la pierre avait été ôtée du sépulcre.

« Elle courut donc et vint trouver Simon-
« Pierre et cet autre disciple que Jésus aimait,
« et leur dit : Ils ont enlevé du sépulcre le Sei-
« gneur, et nous ne savons où ils l'ont mis.

« Pierre sortit et cet autre disciple aussi, et
« ils s'en allèrent au sépulcre.

« Ils couraient l'un et l'autre ensemble ;
« mais cet autre disciple courut plus vite que
« Pierre et arriva le premier au sépulcre ;

« Et, s'étant baissé, il vit les linceuls qui
« étaient à terre, mais il n'entra point.

« Simon-Pierre, qui le suivait, arriva en-
« suite, et, entrant dans le sépulcre, il vit les
« linceuls posés à terre,

« Et le suaire qu'on avait mis sur sa tête,
« lequel n'était pas avec les linceuls, mais
« plié en un lieu à part.

« Alors donc cet autre disciple, qui était ar-
« rivé le premier au sépulcre, y entra aussi, et
« il vit, et il crut ;

« Car il ne savait pas encore ce que l'Écri-
« ture enseigne, qu'il fallait qu'il ressuscitât
« d'entre les morts. »

Cette résurrection du Christ est l'image de la grande résurrection des peuples.

Quels seront ceux qui en recevront les premiers la bonne nouvelle?

Ce seront les femmes;

Ce seront les mieux aimants; ce seront ces fils de Jean qui, soutenus par le cœur comme par des ailes, courront le plus vite en avant de l'humanité;

Ce seront les souffrants, tous ceux qui seront restés, sur le Calvaire, au pied de la croix des peuples.

Or, pendant la nuit, un vaste tremblement de terre aura eu lieu dans la société.

Le tombeau qui contenait le cadavre du peuple se sera ouvert.

La pierre qui scellait ce tombeau aura été renversée.

Les gardes qui veillaient à l'entour, voyant une grande clarté et un grand fracas,

Voyant le peuple ressuscité qui sort,

En seront si frappés de terreur qu'ils tomberont tous la face contre terre, comme morts;

Et les pierres taillées dans le roc, les bastilles, les ceintures de murailles et tous ces monuments dont les maîtres du monde s'é-

taient entourés pour se défendre contre la résurrection des peuples

Tomberont et laisseront passage au Fils de
Dieu ;

Alors les malheureux viendront et regarde-
ront avec stupeur dans le sépulcre ;

Ils trouveront les linges et le suaire dans
lesquels on avait mis le Crucifié,

Ils verront dispersés à terre les haillons
dans lesquels l'humanité morte étalait sa misère et son deuil,

Mais ils ne retrouveront plus son cadavre.

Ce sera le jour de la grande joie et du grand
alleluia des peuples.

Réjouissez-vous par avance dans cette foi
vous qui souffrez !

Vous répétez en ce moment la Passion et la
mort du Fils de l'homme : vous répèterez un
jour sa résurrection.

Christ a passé par la douleur : l'humanité y
passe ;

Christ a passé par la gloire : l'humanité y
passera.

Vous qui avez faim, vous qui avez soif,

Vous qui êtes retenus à l'hôpital ou en
prison,

Vous qui souffrez du froid et de la nudité,

Vous qui manquez de gîte et qui couchez la nuit sous les arches des ponts,

Allégresse et bonne nouvelle à vous, mes frères et mes sœurs!

Car, comme le Christ, en sortant du tombeau, a ressuscité tous ses membres, même les plus petits et les plus blessés, ainsi l'humanité regénérée ressuscitera tous les malades nécessiteux, prisonniers, hommes sans aveu et sans gîte, membres frappés de douleur, enfants déshérités de la grande famille!

Oh! ce sera un beau jour que celui-là!

Priez, frères, pour que ce jour advienne bientôt « et pour que les tristes jours de l'é-« preuve et de l'attente soient abrégés! »

A qui Jésus ressuscité se révéla-t-il en premier? A une femme.

« Mais Marie-Madeleine demeurait dehors, pleurant auprès du sépulcre; et pendant

qu'elle pleurait, s'étant baissée pour regarder dans le sépulcre,

« Elle vit deux anges vêtus de blanc, assis
au lieu où l'on avait mis le corps de Jésus,
l'un à la tête, l'autre aux pieds,

« Qui lui dirent : — Femme, pourquoi pleu-
rez-vous ? — C'est, dit-elle, parce que l'on a
enlevé mon Seigneur et que je ne sais où on
l'a mis.

« Ayant dit ces paroles elle regarda derrière elle, et vit Jésus qui était là présent,
sans savoir que ce fût lui.

« Jésus lui dit : Femme, pourquoi pleurez-
vous ? qui cherchez-vous ?... Croyant que c'était
le jardinier, Marie-Madeleine lui dit : Seigneur, si c'est vous qui l'avez ôté, dites-moi
où vous l'avez mis, et je l'emporterai.

« Jésus lui dit : Marie ! et elle, se retournant,
lui dit : *Rabboni*, c'est-à-dire maître.

« Jésus lui dit : Ne me touchez point, car
je ne suis pas encore monté à mon Père ; mais
allez vers mes frères et leur dites que je m'en
vais monter à mon Père et à votre Père, à
mon Dieu et à votre Dieu.

« Marie-Madeleine vint donc annoncer aux
disciples qu'elle avait vu le Seigneur et ce
qu'il lui avait dit. »

C'est également la femme qui recevra la première cette bonne nouvelle de la résurrection des peuples.

Et quelles femmes parmi les femmes? Les Marie - Madeleine, les courtisanes, les pécheresses, toutes les grandes converties qui auront beaucoup souffert et beaucoup aimé,

Toutes celles qui se trouvent en dehors de la société pleurant et qui se baissent de temps en temps pour regarder dans le sépulcre

Afin de voir si le cadavre du peuple crucifié et mis à mort ne remue pas.

Alors le Christ, ressuscité une seconde fois dans le corps universel et glorieux de l'humanité, lui apparaîtra.

« Ne me touchez point!» disait Jésus à Madeleine parce qu'il se sentait encore trop près des souillures de l'ancienne vie et de l'esclavage de la mort.

La femme, désormais libre et régénérée, ne doit plus toucher que l'humanité glorieuse et remontée à son Père.

En chargeant Madeleine d'annoncer sa résurrection aux disciples Jésus commence dans la personne de cette pécheresse la mission et le grand apostolat de la femme, qui sera d'annoncer au monde la résurrection de l'humanité.

Quoique sorti d'entre les morts et tout près de la gloire, Jésus appelle encore ses disciples *mes frères*, pour témoigner qu'il entend maintenir jusqu'au bout la sainte loi invariable de l'égalité et de la fraternité.

Frères ! tel est le premier mot qui sortira de la bouche des peuples régénérés.

Cette égalité consiste dans l'union.

L'humanité, ne faisant plus qu'une famille, entre avec Jésus-Christ en participation du même Père et du même Dieu, *Patrem meum et patrem vestrum, Deum meum et Deum vestrum.*

« Le soir de ce même jour, qui était le premier de la semaine, étant venu, et les portes du lieu où les disciples étaient assemblés étant fermées parce qu'ils craignaient les Juifs, Jé-

sus vint et se tint au milieu d'eux et leur dit :
La paix soit avec vous.

« Après avoir dit ces paroles il leur montra
ses mains et son côté, et les disciples ayant
vu le Seigneur furent remplis de joie.

« Il leur dit une seconde fois : La paix soit
avec vous ! »

Tel sera, en effet, le premier fruit de la résurrection du Peuple-Christ, la paix.

Après la grande guerre contre la tyrannie
où il aura eu les mains et le côté percés, il se
reposera dans l'union et dans la liberté avec
le calme de la béatitude.

« Comme mon Père m'a envoyé, ajouta Jésus, je vous envoie aussi de même. »

Il y aura un peuple missionnaire de la civilisation, envoyé au monde pour y annoncer
la bonne nouvelle de la délivrance, un peuple
évangélique et initiateur qui marchera à la
tête du troupeau des peuples comme Jésus à
la tête de ses disciples.

« Ayant dit ces paroles Jésus souffla sur eux
« et leur dit : Recevez l'Esprit saint. »

Cette insufflation de l'Esprit est une image
de la transmission du progrès.

Ce souffle est le grand souffle civilisateur
qui anime tous les membres de l'humanité ;

Ce souffle est la communication de l'intelligence et de l'amour établie entre tous les
peuples.

« Les péchés seront pardonnés à ceux à qui
« vous les remettrez, et ils seront retenus à
« ceux à qui vous les retiendrez. »

Nous avons longuement expliqué ailleurs
la valeur, le sens et la portée de cette rémission : l'humanité est investie par le Christ du
droit d'effacer le mal de dessus les actions où
les infirmités des hommes ;

Elle a le droit de dire, un jour, aux fous [1],
aux estropiés, aux lépreux, aux pauvres qu'on
regardait, dans l'ancien temps, comme des
coupables et des réprouvés de Dieu :

— Mes, fils allez en paix, vos péchés vous
sont pardonnés!

Elle a droit de dire aux hérétiques, aux huguenots, aux excommuniés qu'on regardait
pendant les preminrs siècles comme impurs
et ennemis de l'Église :

— Mes fils, allez en paix, vos fautes sont
effacées !

Elle a droit de dire aux révolutionnaires

______

[1] Même au moyen âge les fous étaient mis en prison avec
les lépreux et les prostituées comme des malfaiteurs.

que les gouvernements poursuivent encore maintenant et qu'ils traînent devant les tribunaux comme des fléaux de la société :

— Mes fils, allez en paix, vos peines vous sont remises!

Elle a droit de dire aux forçats et aux prostituées que le monde damne pour toujours :

— Mes fils et mes filles, ne péchez plus, et vos crimes seront oubliés!

Enfin l'humanité a pouvoir de lier et de délier, elle a pouvoir d'ouvrir et de fermer : c'est pour cela que lui ont été données les clés du royaume de Dieu.

Ces clés serviront à ouvrir les destinées mystérieuses qui doivent nous introduire dans la société à venir.

C'est par ces ouvertures faites aux institutions anciennes que le peuple entrera dans la vraie et sainte constitution du monde.

Voilà en quel sens le peuple, dans la personne de Pierre, est nommé *porte-clés, accipe claves regni.*

« Huit jours après, pendant que les disci-
« ples étaient encore dans la maison et que
« Thomas était avec eux, Jésus vint, les portes
« étant fermées, et se plaça au milieu d'eux et
« dit : La paix soit avec vous !

« Ensuite il dit à Thomas : Mettez ici votre
« doigt, et regardez mes mains; portez aussi
« votre main et la mettez dans mon côté, et
« ne soyez pas incrédule, mais fidèle.

« Thomas lui répondit : Vous êtes mon Sei-
« gneur et mon Dieu ! »

Ce seront les membres blessés de l'humanité qui témoigneront justement un jour de
sa résurrection ;

Ce sont ces plaies guéries, ces stigmates de
souffrance et de honte devenus désormais
stigmates de gloire, qui convaincront les plus
incrédules.

Mettez ici votre doigt! dira le peuple régénéré en montrant ses mains trouées par les clous du despotisme;

Portez votre main et fouillez dans mon côté! dira-t-il en montrant son flanc ouvert dans le combat par la lance;

Regardez et touchez, dira-t-il, mes pieds marqués des stigmates du crucifiement,

Et croyez que je suis bien le Peuple-Christ!

Regardez et touchez, dira l'humanité, ces pauvres, ces ouvriers, ces esclaves, ces bâtards, ces proscrits, ces prostituées, qui étaient mes membres meurtris et saignants, mes pieds, mes mains et mon flanc percés,

Et croyez maintenant, parce que ces flétrissures et ces plaies vivantes sont aujourd'hui passées à l'état de gloire,

Parce que ces membres souffrants sont maintenant les membres bienheureux,

Parce que les mains percées gouvernent maintenant le monde,

Parce que ce flanc ouvert est le flanc de l'humanité sainte, toujours ouvert et toujours fécond.

Ce qu'il y aura de plus sacré, de plus frappant, et, si l'on peut ainsi dire, de plus ressuscité dans le corps de l'humanité après sa grande transformation, ce sera, comme dans le corps du Christ, ce qui aura le plus souffert.

C'est à ces signes-là, à ces marques de l'ancienne croix restées en caractères glorieux sur l'humanité transfigurée que tout le monde tombera à genoux et se prosternera en reconnaissant en tout ceci le doigt de la Providence.

Deux hommes s'en allaient en un bourg éloigné de Jérusalem de soixante stades, nommé Emmaüs.

« Ils s'entrenaient ensemble de tout ce qui « s'était passé dans ces derniers jours. »

Il arriva que, pendant qu'ils marchaient et conféraient ensemble, un étranger s'étant approché marchait aussi avec eux.

« Il leur demanda : De quoi vous entrenez- « vous par le chemin et pourquoi êtes - vous « tristes?

« Alors l'un d'eux, nommé Cléophas, lui ré-
« pondit : Êtes-vous le seul étranger dans Jé-
« rusalem qui ne sachiez pas ce qui s'y est
« passé dans ces derniers temps ?

« Quoi ? dit-il. — Ils répondirent : Touchant
« Jésus de Nazareth, qui a été un prophète puis-
« sant en œuvres et en paroles devant Dieu et
« devant tout le peuple,

« Et de quelle manière les princes des prê-
« tres et nos sénateurs l'ont condamné à mort
« et l'ont livré pour être crucifié.

« Nous espérions pourtant que ce serait lui
« qui *délivrerait* Jérusalem ; mais c'est aujour-
« d'hui le troisième jour depuis que ces cho-
« ses sont arrivées. »

Nous espérions que la France délivrerait le
monde, disent les nations et les provinces esclaves en marchant tristes et la tête baissée,
le long du chemin ;

Nous espérions que la France nous délivrerait, dit la Pologne vaincue, dit l'Italie soumise, dit la Prusse muette, dit l'Autriche
contenue, dit la Belgique mâtée, dit l'Irlande
blessée au flanc et perdant courage ;

Nous espérions, mais la France est elle-
même crucifiée et morte ; voici bientôt le troi-

sième lustre depuis que ces choses sont arrivées, et nous ne voyons rien venir !

« Alors l'étranger qui marchait avec eux leur
« dit : O gens insensés dont le cœur est tardif
« à croire tout ce que les prophètes ont dit !

« N'a-t-il pas fallu que le Christ souffrît ces
« choses et qu'il entrât par cette voie dans la
« gloire? »

C'est de même par la voie de la douleur et
du crucifiement que le peuple, image du Christ,
enretra dans sa glorification.

« Lorsqu'ils furent arrivés près du bourg
« où ils allaient, l'étranger feignit d'aller plus
« loin,

« Mais ils le contraignirent de s'arrêter en
« lui disant : Demeurez avec nous; aussi bien
« il se fait tard, et le jour est sur son déclin.
« Il entra donc dans ce lieu en leur compa-
« gnie.

« Et, lorsqu'il était à table avec eux, il prit
« du pain, le bénit, le rompit et le leur donna.

« Aussitôt leurs yeux furent ouverts et ils
« le reconnurent, mais il disparut de devant
« eux. »

C'est à la fraction du pain qu'on reconnaîtra que l'humanité est régénérée;

C'est lorsque tous les hommes étant assis

à la même table on rompra le pain pour tous et on le leur présentera, *et porrigebat Ilis;*

Alors les yeux des disciples aveugles s'ouvriront et ils reconnaîtront dans le peuple ci-présent le Peuple - Christ qui a souffert selon qu'il était écrit, mais qui est ressuscité;

Alors les prophéties de l'Évangile seront accomplies, car les peuples auront été amenés par l'amour à la grande manifestation de Dieu, *nonne cor nostrum ardens erat dum loqueretur nobis in viâ!*

⸙

Jésus - Christ demeura encore sur la terre pendant quarante jours, communiquant avec « ses disciples et leur parlant du royaume de « Dieu. »

Ce que ceux-ci entendant bien d'un royaume terrestre et humain lui dirent :

« Seigneur, sera-ce en ce temps-ci que vous « rétablirez le royaume d'Israël? »

Or Jésus ne chercha point à donner un autre sens à leurs paroles; seulement il reprit la curiosité de leur demande quant au temps où ce rétablissement de la société devait se faire.

« Ce n'est pas à vous, leur dit-il, de savoir
« les temps et les moments dont le Père a mis
« la disposition en sa puissance;

« Mais vous recevrez la force du Saint-Es-
« prit qui viendra en vous, et vous rendrez té-
« moignage de moi dans Jérusalem, dans toute
« la Judée et la Samarie, et jusqu'aux extré-
« mités de la terre. »

C'est par la force du progrès humain et par l'éducation des peuples aux idées évangéliques qu'aura lieu la grande régénération des sociétés, sans qu'il soit possible d'en connaître au juste la date et le moment.

En attendant, il faut que l'humanité, personnifiée dans le Christ, passe par l'initiation de la souffrance :

« En même temps il leur ouvrit l'esprit, afin
« qu'ils entendissent les Écritures;

« Et il leur dit : C'est ainsi qu'il est écrit
« et c'est ainsi qu'il fallait que le Christ souf-
« frît et qu'il ressuscitât le troisième jour,

« Et qu'on prêchât en son nom la réforme

« et la rémission des péchés dans toutes les
« nations, en commençant par Jérusalem. »

Peuple, c'est cette réforme sociale et cette
rémission des fautes que nous venons annoncer à toutes les nations, en commençant par
la France, cette nouvelle Jérusalem ;

Ce sont-là les deux sceaux du vieux monde,
la double pierre du sépulcre des peuples.

Rompez ces sceaux, levez cette pierre, et
les peuples ensevelis se dresseront,

Et une grande voix criera pour la seconde
fois dans le ciel :

« Christ est ressuscité ! *Christus resurrexit !* »

Et le Christ, cette fois, sera toute l'humanité.

En ces jours-là Jésus prit ses disciples et les
mena dehors vers Béthanie ;

Puis, ayant levé les mains, il les bénit en

disant : « Allez prêcher la *bonne nouvelle* aux
« peuples jusqu'aux extrémités de la terre.

« Après qu'il eut dit ces paroles ils le vi-
« rent s'élever en haut et il entra dans une
« nuée qui le déroba à leurs yeux,

« Et comme ils étaient attentifs à le regar-
« der monter au ciel, deux hommes vêtus de
« blanc se présentèrent soudain à eux.

« Et leur dirent : Hommes de Galilée, pour-
« quoi vous arrêtez-vous à regarder au ciel ?
« Ce Jésus, qui, en se séparant de vous, s'est
« élevé là-haut, viendra un jour comme il est
« monté. »

Nous allons vous répéter les paroles des
deux hommes vêtus de blanc :

Chrétiens, pourquoi vous arrêter toujours
à regarder le ciel ? Considérez plutôt la terre,
car c'est aussi sur la terre [*] que doit venir le
règne de Jésus-Christ.

En quittant les hommes Jésus ne leur a
pas dit adieu, mais au revoir ;

Il doit revenir ; seulement il reviendra sous
une autre forme que celle qu'il avait en mon-
tant au ciel ;

---

[*] *Adveniat regnum tuum, fiat voluntas tua, sicut in
cœlo et in terrâ.*

Il est parti homme, il reviendra peuple.

Il y aura une grande incarnation du Christ dans l'humanité; ce sera là le second avénement;

Les cieux s'abaisseront jusqu'à la terre, et Dieu, par l'opération de l'esprit, prendra une forme et une chair dans une nation vierge qui enfantera le salut du monde;

Cette vierge est la France, à laquelle appartient l'initiative des grandes destinées humaines.

Nous vous le répétons donc, frères : n'ayez pas sans cesse les yeux au ciel, abaissez-les quelquefois sur cette terre où Dieu même reviendra cohabiter avec les hommes et où Christ établira sa tente, *viri Galilæi quid statis aspicientes in cœlum?*

« Je ne vous laisserai pas orphelins, disait « Jésus, je reviendrai à vous. »

Attendons donc ce retour du Christ; attendons-le sous la forme où ce retour doit avoir lieu, la forme de l'humanité glorieuse et transfigurée.

Jésus-Christ nous a promis de revenir; il nous a même annoncé que ce second avénement devait avoir, comme le premier, ses précurseurs; Éli viendra ouvrir les voies.

Mais en même temps il nous a avertis de nous tenir en garde dans ces derniers temps contre les faux prophètes.

Il y en aura beaucoup alors qui flatteront le peuple, qui parleront haut sur les places de la ville et qui feront en apparence des miracles d'éloquence et de patriotisme, mais gardez-vous d'eux et de leurs discours, car sous cette peau de brebis du peuple perce l'oreille de loups dévorants.

Méfiez-vous de ceux qui affectent des sentiments populaires et qui n'en font pas les œuvres;

Méfiez-vous de ceux qui, étant riches, vantent le désintéressement;

Méfiez-vous de ceux qui, désirant acquérir de grands biens, provoquent des révolutions;

Méfiez-vous de ceux qui prêchent l'égalité dans leurs discours, mais qui, dans leur vie, sont pleins de morgue, d'égoïsme et d'arrogance.

En vérité, je vous le dis, méfiez-vous, car en ce temps-là il y aura beaucoup de faux christs et de faux prophètes.

« Alors il y aura des gens qui vous diront : « Il est ici ou il est là... N'y allez pas ni ne les « suivez pas. »

Voulez-vous juger des vrais amis du peuple? vous les reconnaîtrez à leurs œuvres; tout bon arbre donne de bons fruits; on ne cueille point des raisins sur des buissons ni des œuvres populaires sur des hommes avares ou ambitieux.

Ne vous divisez pas non plus sous plusieurs chefs.

« Prenez garde que je vous avertis de ces « choses avant qu'elles arrivent.

« Si donc l'on vient vous dire : Le Christ « est dans le désert, n'y allez point... Il est « ici dans une chambre retirée, n'en croyez « rien;

« Car, ainsi que l'éclair part de l'orient et « paraît à l'occident, de même en sera-t-il de « l'avènement du Fils de l'Homme. »

L'avénement de l'humanité régénérée sera en effet une manifestation soudaine et universelle qui s'étendra d'un bout du monde à l'autre sans que les chefs de partis y soient pour rien;

Ce sera le peuple tout entier qui arrivera, par son impulsion et par ses propres forces, à sa délivrance.

Comme il y aura avant ce temps-là plusieurs séditions et plusieurs grands mouvements, prenez garde aussi que votre foi en l'avenir ne défaille,

« Parce que l'iniquité sera plus grande, le « zèle de plusieurs se refroidira. »

Frères, ne vous laissez tomber en indifférence et en tiédeur, ni par les obstacles que rencontrera votre délivrance, ni par l'iniquité des gouvernants, ni même par le peu de succès des révolutions;

Persévérez et ne vous découragez point, « car il faut que ces choses arrivent. »

Persévérez, car si le combat est long, difficile et terrible, croyez-moi, la victoire n'en sera que plus belle.

Vous êtes, comme les Juifs du temps de Jésus, en mal et en enfantement de Dieu; l'humanité souffre à faire ses couches : mais qu'elle espère et prenne courage :

« Aussitôt après ces jours-là le soleil de-
« viendra obscur, la lune ne rendra plus sa lu-
« mière, les étoiles tomberont du ciel, et les
« puissances des cieux seront ébranlées;

« Alors le signe du Fils de l'Homme par-
raîtra. »

'L'Évangile nous figure dans Jésus la forme mâle de l'humanité, et dans Marie l'image de la femme ;

Marie représente la femme à ses trois états de vierge, d'épouse et de mère.

Or, comme tous les hommes doivent avoir leur part un jour dans la résurrection de Jésus, toutes les femmes doivent prendre la leur dans l'assomption de Marie.

« Il parut en ces jours-là un grand prodige « dans le ciel : une femme revêtue du soleil, « qui avait la lune sous ses pieds, et sur la tête « une couronne de douze étoiles ;

« Et ayant un fruit dans le ventre, elle criait « en travail et elle souffrait à enfanter. »

Comme des flancs de Marie est sorti Jésus, le Sauveur des hommes,

Ainsi des flancs de la femme transfigurée

sortira, un jour, le dernier salut du monde.

L'ascension de Jésus et l'assomption de Marie sont les deux grandes figures bibliques de la réhabilitation complète de l'humanité ;

L'homme et la femme seront assis côte à côte sur un trône de gloire.

Il est dit, d'après la tradition chrétienne, que Marie ne s'éleva pas d'elle-même, mais qu'elle fut enlevée en haut, *assumpta est.*

La femme ne remontera en effet à la sublime réhabilitation de son sexe qu'attirée et en quelque sorte soutenue par l'homme.

Et comme l'ascension de Jésus précéda celle de Marie, ainsi la partie mâle de l'humanité entrera la première dans la gloire.

Pierre ayant aussi demandé à Jésus ce que deviendrait Jean, ce disciple, que Jésus aimait et qui avait reposé sur son sein pendant la cène,

Jésus lui répondit : « Je veux qu'il demeure « jusqu'à ce que je revienne.

« Il courut sur cela un bruit parmi les frères « que ce disciple ne mourrait point. »

Tout est symbole dans l'Écriture :

Si Jésus a dit à Jean qu'il ne mourrait pas et qu'il resterait sur la terre pour attendre le second avénement,

C'est que Jean représentait l'amour.

Or c'est par l'amour toujours vivant et toujours actif que les peuples doivent s'initier à cette grande révolution finale qui sera la manifestation complète du Fils de Dieu sur la terre.

Selon les révélations de l'esprit, nous vous avons annoncé ce qui doit arriver au monde, *quæ ventura sunt.*

Ces destinées sont inévitables, seulement nous ne savons ni l'heure ni les moments où elles doivent s'accomplir;

Dieu seul en a le secret.

Nous vous exhortons à ne point les reculer par des efforts tumultueux et téméraires en voulant trop les précipiter.

Plus le but vers lequel nous tendons est certain, plus il nous convient d'être calmes et pacifiques sur les moyens qui doivent nous y conduire.

N'imitez pas ces disciples violents et impétueux parce qu'ils étaient de peu de foi, qui proposaient de faire descendre le feu du ciel sur une ville de Samarie, en punition de ce qu'elle n'avait pas voulu les recevoir.

Imitez, au contraire, la tolérance et la longanimité du Christ

Ne faites point descendre le feu de l'émeute sur nos villes parce que celles-ci auront refusé de recevoir vos doctrines et de les partager.

Ne faites point descendre le feu de la malédiction et de la menace sur la tête des hommes qui vous repoussent faute de vous comprendre;

Ne faites point descendre le feu de la division ni de la discorde parmi les partis qui luttent et qui s'acharnent entre eux;

Secouez tout au plus la poussière de vos vêtements et de vos sandales en sortant de leurs maisons.

Attendez et soyez calmes.

Si vous n'êtes pas encore les plus nombreux, vous qui combattez pour le bien des hommes, c'est que vous n'avez pas encore tout-à-fait raison.

Attendez donc que le jour vienne où votre doctrine aura acquis la force de l'opinion et du consentement public.

Jusque-là respect aux institutions établies dans tout ce qui ne choque pas trop injurieusement les intérêts du peuple.

Respect à la propriété grande ou petite, car c'est par ceux qui possèdent maintenant que l'État tout entier arrivera un jour à posséder.

Respect à la forme du gouvernement comme à la forme providentielle par laquelle le peuple doit passer pour arriver à ses destinées futures.

Quant à celui qui écrit ces lignes, il continuera « d'annoncer la justice aux nations.

« Il ne discutera ni ne criera point en plein « air et l'on entendra point sa voix sur les « places publiques ;

« Il ne brisera point le roseau cassé ni n'é- « teindra point la lampe qui fume encore jus- « qu'à ce qu'il ait convaincu le monde de la « justice de sa cause. »

Il vous a dit gravement et sans arrière-pensée ce qu'il pensait de l'avenir en vous exhortant à vous y préparer :

C'est à vous par le désir de hâter la manifestation du Christ dans la personne du peuple ;

Car l'Evangile n'est pas seulement le récit
de la vie de Jésus,

C'est la grande épopée de l'humanité.

« Le semeur sortit pour aller semer.

« Lorsqu'il semait, une partie du grain
« tomba sur le bord de la route et les oiseaux
« du ciel vinrent qui le mangèrent. »

Cette semence est la parole que ce livre
jette à droite et à gauche sur le peuple;

Une partie tombera au bord du grand chemin; les indifférents la fouleront aux pieds, et
les puissants, ces oiseaux du ciel, viendront
pour la dévorer, de peur qu'elle ne lève.

« Une autre partie, dit l'Évangile, tomba
« dans des endroits pierreux où il y avait peu
« de terre, et elle poussa parce que la terre
« n'était pas profonde;

« Mais le soleil s'étant levé, elle fut brûlée,
« et devint sèche parce qu'elle n'avait point
« de racine. »

Ces endroits pierreux sont ces esprits légers et ces cœurs stériles sur lesquels la parole produit d'abord un peu de végétation ;

Ils se lèvent imprudemment avant l'heure et veulent pousser tout de suite en œuvres;

Mais ils n'ont point de racine en eux.

« Car s'il survient quelque trouble ou quel-
« que persécution à cause de la parole, aussi-
« tôt ils se scandalisent. »

Le soleil donc brûle ces premiers germes et les dessèche.

« Une autre partie, ajoute l'Évangile, tomba
« dans des épines, et les épines étant crues
« l'étouffèrent. »

Celui qui recevra la parole parmi les épines
« c'est celui qui écoute la parole; mais les
« soins de ce monde et la *tromperie des richesses*
« étouffent en lui cette parole et il devient in-
« fructueux. »

Enfin « une autre partie, dit l'Évangile en
« terminant, tomba dans une bonne terre et
« porta du fruit, un des grains en rendit cent,
« l'autre soixante, l'autre trente. »

Cette bonne terre sur laquelle la parole doit tomber en fructifiant, c'est l'homme du peuple qui, suffisamment labouré par le soc des révolutions, reçoit avec amour et avec sagesse la semence que nous y jetons.

Il ne se lève pas avant l'heure et ne se laisse point brûler au soleil;

Car il sait que la moisson, pour être bonne, a besoin d'être mûrie à la lente et tiède lumière de l'intelligence.

Il ne veut point réaliser prématurément et par la destruction la parole évangélique, car il sait que Christ « n'est point venu pour per- « dre, mais pour sauver. »

Il poursuit aussi longtemps que possible, par les voies légales, la réforme de la société :

Ses résistances à l'ordre de choses établi sont des protestations morales et calmes, jusqu'au moment où, poussés par le démon, les gouvernements sortent des lois et se jettent les premiers dans la violence.

Voilà toute la parabole du semeur qui sortit semer la parole au peuple.

La parole est la première des libertés, et tant que celle-ci subsiste toutes les autres finissent tôt ou tard par éclore.

On pourra vouloir enchaîner la parole et la comprimer, mais l'on n'y réussira point.

Le christianisme révolutionnaire, qui est la religion de la majorité des citoyens,

Délivrerait alors la France du démon muet dont on voudrait la posséder.

-◦❄◦-

Nous avons raconté simplement et comme nous l'avons appris des évangélistes la vie de Jésus de Nazareth, le charpentier;

Nous vous avons dit ses misères, ses luttes, ses résistances depuis la crèche jusqu'à la croix;

Nous vous avons dit sa gloire à partir du Calvaire où il ressuscita jusqu'au mont des Oliviers où il s'éleva au ciel.

En vous racontant ainsi la vie de Jésus, Fils de Marie, nous vous avons exposé les destinées futures de l'humanité,

Car Christ est une figure de ce qui doit arriver à tous les hommes.

Celui qui ne croit pas les choses qui sont dans ce livre n'est pas chrétien;

Celui qui, feignant de les croire, ne les pratique pas et continue d'opprimer ses frères, ajoute au mal qu'il fait le mensonge et l'hypocrisie ;

Les faux chrétiens insultent plus Dieu qué les impies et les athées.

Le soufflet du valet de Caïphe offensa moins l'auguste figure du Christ que le baiser de Judas.

Le temps viendra où les vérités que nous vous avons dites organiseront l'humanité à l'image de Dieu ;

Car le ciel et la terre peuvent passer, mais les paroles du Christ ne passeront pas ;

Car les étoiles tombent quelquefois du ciel, et le pâtre les voit filer dans la nuit ;

Mais pas une lettre ne tombera de cet Évangile éternel qui contient les destinées présentes et futures de l'humanité.

Nous avons dédié ce livre au peuple, parce que c'est à lui surtout que s'adresse la doctrine sublime apportée sur la terre par le Christ.

« En ce même temps il fut ému de joie par
« le Saint-Esprit et il dit : Je vous bénis, mon
« Père, Seigneur du ciel et de la terre, de ce
« que vous avez caché ces choses aux grands,

« aux sages et aux prudents, et que vous les
« avez découvertes aux petits. »

Ce livre s'appelle Testament parce qu'il
contient le legs qu'un Dieu mourant fit à la
terre, la liberté !

Ce livre s'appelle le livre de la nouvelle alliance parce qu'il est venu établir de nouveaux
liens de société parmi les hommes ;

Ce livre s'appelle enfin l'Évangile, qui veut
dire *bonne nouvelle*, parce qu'il est venu annoncer aux peuples l'heureuse nouvelle de leur
délivrance.

Tout ce qu'il raconte du Christ nous arrivera, tout ce qu'il prédit adviendra dans le
monde.

Peuple, il t'a prédit souffrance, passion,
mort sur le Calvaire :

Il faut que les volontés d'en haut s'accomplissent.

Peuple, il t'a prédit gloire, transformation,
bonheur sur le mont des Oliviers :

Qu'il en soit ainsi, *amen !*

Peuple, il ta prédit le retour de Jésus sur
la terre en un grand peuple.

Viens au plus tôt, Christ ! *veni domine Jesu !*

Viens, car nous souffrons et nous languissons comme des brebis sans pasteur que le loup dévore,

Comme des enfants sans père que l'étranger maltraite,

Comme des passereaux pris au piége que les petits enfants tourmentent entre leurs doigts;

Viens! et si la prière peut quelque chose pour hâter les destinées trop lentes du genre humain,

Je t'en prie à genoux et au nom de mes frères, viens finir nos maux, car nous attendons et nous gémissons!

Viens, peuple Fils de Dieu, second Christ, dernier Sauveur du monde, *veni!*

Mais, auparavant, il faut que cet Évangile-ci soit prêché à tous les peuples, et alors viendra la fin, *et tunc veniet consummatio.*

Alors les écritures et les destinées humaines étant accomplies il y aura une nouvelle société et un nouveau peuple qui sera le peuple et la société de Dieu.

Quant à nous, sœurs et frères, qui travaillons, qui souffrons et qui espérons dans cette attente, élevons à Dieu, du fond de nos misères et de l'abîme du présent, nos cœurs avec nos mains en criant :

« Père, que votre règne arrive! »

[illegible]

Au moment où nous finissons ces lignes le ciel se charge de nuages et l'horizon politique s'assombrit.

Nous touchons à des jours mauvais.

Ce que Christ a prédit arrive.

Les gouvernements qui font le mal craignent la lumière, *qui male agit odit lucem;*

Ils évitent d'approcher leurs œuvres du grand soleil de la presse,

Parce qu'ils trouveraient dans cette clarté une condamnation à leurs œuvres, qui sont mauvaises, *ut non arguantur opera ejus.*

Les persécutions que Jésus-Christ annonçait à ses disciples recommencent, après quelques années de trève, avec plus d'audace et d'acharnement que jamais.

Un courageux et intègre défenseur du peuple, un vieillard vénérable à la bouche éloquente, un prêtre de Jésus-Christ, qu'il continue parmi nous, va être traîné devant les tribunaux comme un homicide et un larron.

Frères, il ne faut pas nous en étonner ni nous en affliger outre mesure, car Jésus nous l'a dit :

« Le disciple n'est pas plus grand que le « maître. »

Si donc ils ont fait mourir le Fils de Dieu, comment voulez-vous qu'ils ne persécutent pas les hommes qui marchent à sa suite?

« Ils les chasseront hors des églises et les « conduiront devant les gouverneurs;

« Car s'ils n'ont point épargné le bois vert, « à plus forte raison n'auront-ils point d'é- « gards pour les branches sèches. »

Mais persévérez et soyez inébranlables : ces jours ténébreux passeront ;

Le noir démon du despotisme tombera précipité du ciel comme l'éclair, *vidi Satanam sicut fulgur de cœlo cadentem.*

Après les longs jours orageux de l'épreuve et de l'enfantement viendront les jours plus calmes du royaume.

Nous sommes, comme les disciples, sur une mer en tourmente ;

Une grande tempête de vent soulève les vagues et les porte dans la nacelle, de sorte qu'elle se remplit d'eau :

Cependant la Providence semble dormir nonchalamment à la poupe ;

Mais le moment viendra où, éveillée par ce cri : Nous périssons !

Elle se levera, menacera le vent et dira à la mer agitée : Tais-toi !

Et le soleil reparaîtra d'entre les nuages ;

Et la Providence dira, par la bouche du peuple, à ceux qui auront eu peur : Hommes de peu de foi !

Alors le ciel et la terre étant calmés, on verra, après les jours sombres du despotisme, luire la sérénité de l'ordre, de la liberté et de la justice !

FIN.

9 782011 952424